W0066605

Aus dem Archiv

Herausgegeben vom
Deutschen Literaturarchiv Marbach

© 2017 Deutsche Schillergesellschaft, Marbach am Neckar
Reihenlayout: Diethard Keppler und Stefan Schmid
Fotografie: DLA
Gesamtherstellung: Offizin Scheufele Druck und Medien, Stuttgart
ISBN 978-3-944469-31-7

Die Deutsche Schillergesellschaft wird gefördert durch
die Bundesrepublik Deutschland, das Land Baden-Württemberg,
den Landkreis Ludwigsburg und die Städte Ludwigsburg
und Marbach am Neckar.

Die Beauftragte der Bundesregierung
für Kultur und Medien

Baden-Württemberg

MINISTERIUM FÜR WISSENSCHAFT, FORSCHUNG UND KUNST

Aus dem Archiv 10

Die Ehre des Redaktors
Wilhelm Hauffs Briefe an
Johann Friedrich Cotta

Herausgegeben von
Helmuth Mojem
Mit einem Nachwort
des Herausgebers

Deutsche Schillergesellschaft
Marbach am Neckar

Inhalt

Wilhelm Hauffs Briefe an
Johann Friedrich Cotta

1 | Wilhelm Hauff an Johann Friedrich Cotta. Paris, 4. Juli 1826.

Hochwohlgeborner / Sehr verehrter Herr!

Während jener Zeit wo es mir vergönnt war zuweilen in Ihrer Nähe zu seyn,[1] glaubte ich aus Ihren Aeußerungen auf so gütige Gesinnungen gegen mich schließen zu dürfen, daß ich es jezt wage Ihren gütigen Beystand in einer Sache anzurufen, die für mich von höchster Wichtigkeit ist. Man trägt sich, wie ich aus Briefen von Stuttgart weiß, dort mit der Sage, daß ein gewißer Artikel im Literarischen-Conversationsblatt, welcher das königl. Ballet auf hämische Weise behandelt, aus meiner Feder stamme.[2]

Diese Sage kann mir in zweierley Hinsicht nicht gleichgültig seyn, einmal, weil sie meinem öffentlich ausgesprochenen Vorsatz über diesen Theil des The[a]ters nicht zu schreiben widersprechen würde, Hauptsächlich aber weil ich dadurch in den Augen von Menschen, deren Achtung mir theuer ist, als Calumniant[3] bezeichnet werde, der Thatsachen aus böslicher Absicht verstellt, als Thor dargestellt werde, der es wagt, auf solche Art über ein Institut zu richten, das auf den Willen des Königs ins Leben trat und so viel mir bekannt ist, zu seiner Zufriedenheit arbeitete.[4]

Ich habe die Redaction des genannten Blattes aufgefodert, die Unwahrheit dieser Beschuldigung öffentlich darzuthun;[5] doch, dieses Blatt wird gerade in Stuttgart wenig gelesen und es wäre daher wünschenswerth für mich in einem Literarischen Blatt ähnlicher Art, in einem geachteten, vielgelesenen Blatt, Raum zu einer öffentlichen Erklärung zu gewinnen. Ich glaube mir das Zeugniß geben zu dürfen, Sehr verehrter Herr, daß ich an Ihrem LiteraturBlatt mit Eifer und nicht ohne Beifall gearbeitet habe, seitdem mir die Einladung hiezu zu Theil ward; und dieses Blatt ist es, worinn ich jener vielleicht aus böslicher Absicht verbreiteten Sage, zu begegnen wünsche.[6]

Es wäre vielleicht der natürlichere Weg gewesen mich in dieser Angelegenheit an die Redaction dieses Blattes zu wenden; da ich aber nicht weiß, wie Sie Selbst über Anzeigen dieser Art in Ihrem Blatte denken, wollte ich nicht versäumen, solche Ihrer Genehmigung vorzulegen, um so weniger als ich mich, durch das Vertrauen auf Ihre Liberalität, zu dieser freimüthigen Bitte bewogen fühlte.

Genehmigen Sie es gnädigst, wenn ich bey dieser Gelegenheit die Gefühle wahrer Hochachtung und Verehrung auszusprechen wage, womit ich bin

Hochwohlgeborner, / Sehr verehrter Herr! / Ihr ganz ergebener Diener / Dr. Wilhelm Hauff.

Oeffentliche Erklärung.[7]
Das literarische Conversations-Blatt in Leipzig enthält einen Artikel über das königl. Ballet in Stuttgart, der als bösliche Entstellung von Thatsachen jeden Freund der Wahrheit kränken muß.

Um so weniger gleichgültig kann es mir seyn, daß diese hämische Kritik von einigen Seiten mir zugeschrieben wird. Die Redaction des Lit. Conversations-Blattes wird die Unwahrheit dieser Beschuldigung öffentlich kund thun und auf sie verweise ich Menschen, die aus Absicht oder Unkunde meinen Namen dieser Sache vorsetzen möchten.

Paris[8] den 4ten Juli 1826. / Dr. Wilhelm Hauff.

[1]   Wilhelm Hauff war unmittelbar nach Beendigung seines Tübinger Theologiestudiums vom Herbst 1824 bis 30. April 1826 Hauslehrer bei der Familie des württembergischen Kriegsratspräsidenten Ernst Eugen Frhr. von Hügel (1774–1849) gewesen. Der Verleger Johann Friedrich Cotta hatte im Februar 1824 in zweiter Ehe Elisabeth von Gemmingen-Guttenberg (1789–1859) geheiratet, die davor im Hause Hügels gelebt hatte, weil dieser mit ihrer Schwester verheiratet war. Das Ehepaar Cotta dürfte nachfolgend häufiger zu Gast bei der Familie Hügel gewesen und dort auch mit Hauff zusammengetroffen sein

[2]   Gemeint ist der Artikel *Zweckmäßigste Mittel, Theater und Publicum einer deutschen Mittelstadt ästhetisch und moralisch zu Grunde zu richten* im *Literarischen Conversations-Blatt* Nr. 19 vom

8

24. Mai 1826. Anlass zur Vermutung, Hauff könne sein Autor sein, gab vielleicht ein darin enthaltener Seitenhieb auf den damaligen Modeautor H. Clauren (d. i. Samuel Heun 1771 – 1854), den Hauff in seinem Roman *Der Mann im Mond* (im August 1825 erschienen) parodiert hatte.

3   Verleumder.

4   »Das Ballett fristete in den ersten Jahren König Wilhelms ein kümmmerliches Dasein [...]. Der Umschwung trat Ende 1824 ein. Am 30. November dieses Jahres erschien der Wiener Ballettmeister Philipp Taglioni (1778 – 1871) und seine reizende Tochter Marie (1804 – 1884) in des ersteren kleinem Ballett ›Das Erwachen der Venus‹ zum ersten Male vor den Stuttgartern und versetzten sie in fieberhafte Erregung [...]. Die drei nächsten Winter beherrschte nun das Taglionische Ballett fast vollständig das Theaterinteresse und verschlang riesige Summen«. (Rudolf Krauß, *Das Stuttgarter Hoftheater*, Stuttgart 1908, S. 173 f.) – Der angesprochene polemische Artikel enthält in der Tat eine Anspielung auf den Stuttgarter Theaterbetrieb: »Stuttgart – wo gegenwärtig kein Eßlair in Schiller'schen, Göthe'schen, Lessing'schen Dramen, sondern – ein [...] Affe Furore macht!« Gemeint ist Taglionis Produktion *Danina oder Jocko, der brasilianische Affe* vom 12. März 1826, über die Krauß schreibt: »Dieses nach einem französischen Drama bearbeitete Ballett, das Lindpaintner mit einer ansprechenden Musik versehen hatte, riß das Publikum in einen Begeisterungstaumel und konnte nicht oft genug wiederholt werden« (S. 174). Vgl. dazu auch Hauffs Korrespondenzbericht vom April 1827 in der Dresdner *Abend-Zeitung*, der das Phänomen ›Jocko‹ mit milder Ironie behandelt: »Das zweite, was wir durch Jocko Gelegenheit hatten zu sehen, war das Furore des hiesigen Publikums. Wir hatten es nämlich immer so ruhig und gesetzt gesehen, daß wir zweifelten, es werde jemals durch die Kunst bis zu jener Höhe der Begeisterung gebracht werden, die man Furore nennt; bei großen dramatischen oder musikalischen Werken schien es wenigstens nicht möglich; aber wir haben jetzt wirklich einen solchen Furor hiesigen Orts erlebt und zwar durch Jocko«. (Wilhelm Hauff, *Sämtliche Werke*, München 1970. Bd. 3, S. 138.)

5   Die Redaktion der inzwischen in *Blätter für literarische Unterhaltung* umbenannten Zeitschrift kam dieser Aufforderung in ihrer Nr. 21 vom 25. Juli 1826 nach.

[6] Für Wilhelm Hauff sind zu diesem Zeitpunkt noch keine Beiträge im *Literatur-Blatt*, einer Beilage zum vielgelesenen Stuttgarter *Morgenblatt für gebildete Stände* verzeichnet. Möglicherweise war er von Wolfgang Menzel (1798–1873), unter dessen Redaktion das *Literatur-Blatt* damals faktisch bereits stand, zu Rezensionen aufgefordert worden, die dieser dem Verlag gegenüber als seine eigenen bezeichnete und das Honorar mit dem eigentlichen Autor privat abrechnete.

[7] »*Literatur-Blatt*« Nr. 56 vom 14. Juli 1826. Auf diese Notiz hin meldete sich übrigens der anonyme Verfasser des Artikels erneut und verwahrte sich gegen den Vorwurf der Tatsachenentstellung (*Literarischer Anzeiger* Nr. XXIV. Beilage zu den *Blättern für literarische Unterhaltung*).

[8] Wilhelm Hauff befand sich seit 1. Mai 1826 auf einer halbjährigen Bildungsreise, die ihn zunächst nach Paris geführt hatte, wo er sich bis 10. Juli aufhielt. Anschließend ging er noch nach dem heutigen Belgien und nach Norddeutschland.

2 | Wilhelm Hauff an Johann Friedrich Cotta. Aachen, 29. Juli 1826.

Hochwohlgeborener, / sehr verehrter Herr

Mit einem Gefühl von Rührung dem nur meine Bewunderung gleichkam, habe ich jene Zeilen durchlesen, die Sie die Gnade hatten für mich niederzuschreiben.[1] Diese Zeilen versezten mich in die Tage meiner Kindheit, wo ich so oft von einem gütigen Manne sprechen hörte, der nach dem Tode des Vaters, der Mutter so freundlich zu Hülfe gekommen, um ihr das schwierige Geschäft, vier Kinder aufzuziehen, zu erleichtern.[2] Wir sind herangewachsen, die Söhne sind in jenem Alter wo sie sonst der lezten Hülfe des Vaters bedürfen, um sich zu rüsten für das öffentliche Leben, und auch hier wieder treten Sie mit denselben edelmüthigen Gesinnungen zu dem Sohn, um in noch höherem Maasstabe dies auf ihn überzutragen, was Ihnen schon die Eltern dankten.

Ein Dank in Worten ausgesprochen, ist Ihnen nichts Neues; ich weiß, Sie kennen in diesem Augenblik meine Gefühle, und werden mir erlauben, thätlich zu beweisen, was auszusprechen mir die Worte mangeln.

Sie eröffnen mir eine schöne, herrliche Aussicht, eine Reise nach England. Als ich eines Tages im Hafen von Dieppe stand,[3] da blikte ich mit Sehnsucht nach jener Seite, wo die große Insel liegt. Nach diesem Lande, ausgezeichnet durch seine Geschichte, grosartig durch seine Verfaßung, durch Literatur und Charakter der Nation, nach diesem Lande zu kommen, dachte ich, welch herrlicher Genuß! Zwei Schiffe machten sich soeben seegelfertig, um an Albions Küste in wenigen Stunden Anker zu werfen und ich, schlug nicht an mein Herz, wohl aber an meine Tasche und wandte mich seufzend, ans Land zu gehen.

Wie durch einen Zauberschlag sollten nun durch Ihre Güte diese Wünsche in Erfüllung gehen; und doch – kann ich davon Gebrauch machen? England ist ein Land das jahrelange Vorbereitung heischt und Sie schreiben mir wohl einen bei weitem höheren Grad von Bildung zu, als der ist, den ich besitze, wenn Sie mich für reif genug halten, dieses Land mit Vortheil, mit Nutzen zu bereisen. London an sich, so intereßant es ist, wird wohl nicht der intereßanteste Theil dieses Landes genannt werden können, und das übrige England, und Schottland! Würde ich nicht, mitten in diesem Lande wie ein Laie in den Gräbern egyptischer Könige stehen? Würden diese Hieroglyphen an den Wänden mein Auge nicht verwirren, müßte ich nicht erröthend zurükkehren und gestehen ich habe nichts gesehen? Oder sollte ich zurükkehren wie so viele jener Marktschreier die sich und die Welt bereden wollen, sie haben das große Volk und seine ganze Eigenthümlichkeit studirt? Wahrhaftig, Ihr Plan ist herrlich, verführerisch, entzükend schön, aber ich will Sie und mich nicht betrügen, wenden Sie Ihre Gnade einem Würdigeren zu.

Ein, in meinen Augen nicht minder hohes Geschenk als jenes das Sie mir im Geiste zudachten, ist Ihr Vertrauen, das Sie mir in Ihrem gütigen Schreiben zuwenden. Diß sind Punkte, welchen meine Kräfte gewachsen sind, nehmen Sie meinen innigsten Dank dafür!

Sie sprechen den Wunsch aus, die Redaction Ihres Damenalmanachs mir übertragen zu können.[4] Es wurde mir vor einiger Zeit von einer anderen Seite ein ähnlicher Antrag gemacht, und ich war in mir selbst um so mehr mit mir einig ihn bey meiner Rükkehr anzunehmen, als das bisherige Almanachswesen, das nicht ohne Einfluß auf unsere Literatur ist, meinen Forderungen durchaus nicht zusagte. Ich gab damals durchaus keine andere Antwort von mir, als die, daß es vielleicht möglich wäre, bey angemeßener Bedingung, einen solchen Almanach zu redigiren.[5]

Wie angenehm ist es mir nun, Ihnen, sehr verehrter Herr, auf diese Art dienen zu können! Ich bekam, wie es so zu gehen pflegt, von vier Taschenbüchern den Antrag, ihnen Novellen etc, auf die nächsten Jahre zuzusichern.[6] Ich habe bis jezt nur dem Frauen-taschen-buch einen Beitrag gegeben[7] und mit Vergnügen steht in Zukunft das Beste, das ich zu leisten vermag, Ihren Damen zu Dienste. Laßen Sie mich für jezt nur den Entschluß ganz bestimmt aussprechen, daß ich die Redaction dieses Taschenbuches übernehmen will; ich behalte mir vor, Ihnen über die Art wie es etwa behandelt werden könnte, einen Plan vorzulegen. Es ließe sich schon auf 1828 etwas Schönes ausführen, und wenn Sie mich autorisiren Mitarbeiter aufzusuchen, so wird meine Reise durch Teutschland hiezu sehr zwekmäßig verwandt werden können.

Ich komme auf einen anderen Punkt, auf das Morgenblatt und auf meine Theilnahme an demselben. Es könnte sonderbar erscheinen, warum ich, bey Theilnahme an anderen Blättern, nicht zuerst jenes Vaterländische Blatt bedachte, jenes Blatt, das seine Existenz Ihnen verdankt; es könnte um so sonderbarer erscheinen, da Sie mich sogar zu wiederholten malen auffoderten. Aber setzen Sie Sich, verehrter Herr! nur einen kurzen Augenblick in meine Lage, und die Verzögerung meines Beytrittes wird Ihnen weniger thörigt und eigensinnig scheinen, als es vielleicht bisher der Fall war. Ich dachte nemlich nicht, daß Sie Selbst es sind, der die Redaction dieses Blattes besorgt;[8] waren Sie nun nicht Selbst Redacteur, so konnte jene Einladung mehr eine gesellschaftliche Form, als eine wirkliche Auffoderung seyn; trennte ich ja doch Sie und das Morgenblatt seine innere Verwaltung betreffend, sehr weit von einander, und bey anderen Blättern wurde ich von den Redactionen selbst, schriftlich aufgefodert. Es lag hiebey auch eine kleine Aengstlichkeit zu Grunde. Ich hatte einige mal aussprechen gehört, daß Beyträge, an das Morgenblatt eingesandt, oft sehr lange Zeit nicht abgedrukt würden. Ein junger Schriftsteller aber, sieht besonders seine LieblingsArbeiten gerne sobald als möglich abgedrukt.

Nach dem gütigen Vertrauen aber, das Sie mir in Ihrem verehrlichen Schreiben geschenkt haben, kann von solchen Rüksichten und Bedenklichkeiten nicht mehr die Rede seyn, und mit Vergnügen werde ich diesem geschäzten Blatt nicht nur eine größere Novelle, sondern auch einige kleinere Bilder die ich auf dieser Reise aufgefaßt und entworfen habe, zusenden. Ich überlaße es durchaus Ihrem eigenen Urtheil, ob und inwiefern Sie davon Gebrauch machen können. Was Sie etwa nicht tauglich fänden, könnte ich immer noch für andere Blätter verwenden.[9]

Sie fordern mich auf, Ihnen einige Bemerkungen über das Morgenblatt mitzutheilen? Ich gebe, weil Sie es wünschen, wahr und offen was ich darüber denke.

Man hört hin und wieder die Klage aussprechen, das beste belletristische Blatt unseres Vaterlandes habe an Gehalt verloren. Weit entfernt in dieses Urtheil, wie es hier gegeben ist, einzustimmen, behaupte ich, nicht das Morgenblatt hat verloren, sondern die Zeit hat sich geändert, und der Geschmak des Publicums ist ein anderer geworden; ob zum Vortheil der Wissenschaft und der allgemeinen Bildung, möchte die Frage seyn. Es haben sich seit 10–12 Jahren einige beliebte Dichter mit Glük auf die Novelle, auf den kleineren Roman geworfen; sie theilten die Früchte ihrer Arbeit durch die schöngeistigen Blätter dem Publicum mit und verwöhnten dadurch den Geschmak der Menge, so, daß man jezt ernstere Aufsätze, herrliche Gedichte u. d. g. nur flüchtig liest oder überschlägt.

Die meisten Blätter huldigten dem Geschmak des Publicums, und ein Van-der Velde, eine Schoppenhauer, eine C. Püchler sorgten dafür, daß es nicht an Romanen und Novellen, nach dem Maasstabe der Blätter gefertigt, fehlen möchte.[10] Das Morgenblatt behielt seinen schönen Zwek im Auge, nicht dem flüchtigen Geschmak der Menge zu huldigen, sondern als wissenschaftliches Institut einer allgemeinen Bildung sich zu wiedmen; daher schloß es nichts aus, was dieser allgemeinen Bildung förderlich wäre, ja selbst strengwissenschaftliche Abhandlungen waren für seinen Zwek nicht zu ernst. Wie aber nach und nach für jeden Theil des Wissens eigene Institute entstanden, da fragte man sich, warum gibt das Morgenblatt der allgemeinen Naturkunde, warum selbst der Theaterchronik einen so großen Raum, warum läßt es die heitere Kunst der Erzäh-lung, die oft auch den ernster denkenden Mann zu feßeln weiß, so spärlich, nur hin und wieder auftreten? Ich gestehe, diese leztere Frage theile ich; weit entfernt den schönen Zwek des Institutes, für allgemeine Bildung, tadeln zu wollen, glaube ich nur, wenn den TheaterBerichten, die denn doch selten auf die höheren dramatischen Grundsätze Rüksicht nehmen, weniger Raum gegeben würde, wenn man der erzählenden Dichtung ein größeres Feld, eine öftere Wiederkehr einräumte, würde das Blatt an wahrem, innerem Gehalt nicht verlieren, es würde seinen allgemeinen Zweck wie zuvor verfolgen und dennoch eine freundlichere, lockendere Aussenseite, ein, ich möchte sagen, zeit-gemäßeres Gewand erhalten.

Und wie leicht müßte es einem Institut, das sich Ihrer Leitung erfreut, wie leicht müßte es ihm werden durch heitere Sittenschilderung, durch Erzählung u.d.gl. die Lesewelt zu erfreuen, wie leicht müßte es ihm werden, die wenigen Namen, die mit Recht gut genannt werden können, einmal des Jahres in diesen Blättern glänzen zu laßen!

Glauben Sie nicht, verehrter Herr! daß diese Bemerkungen von gestern her sind, oder daß ich sie mache, weil ich selbst im erzählenden Fache arbeite; ich habe viel und lange darüber nachgedacht, denn es kamen mir von zwei Seiten Anträge, ähnliche Institute zu leiten, die ich aber abweisen werde, weil ich solche erst gründen müßte.[11]

Ich weiß, Sie denken zu groß, als daß Sie Sich durch diese Bemerkungen eines jungen Mannes beleidigt fühlen könnten, deßen einziges Bestreben ist, durch die That zu beweisen, wie sehr er Ihre Grosmuth zu schäzen weiß. Nehmen Sie nochmals meinen innigsten Dank und die Bitte, mir diese gütigen Gesinnungen zu erhalten. Ich fühle Kraft und Beruf in mir, die literarische Bahn die ich betreten, nicht aufzugeben. Können meine Bemühungen und Dienste Ihnen zu irgend einer Ihrer schönen literarischen Unternehmungen nüzlich seyn, so lebe ich der Ueberzeugung, daß Sie mich nicht vergeßen haben werden.

Indem ich die Bitte hinzufüge, mich dem gnädigen Andenken der Frau von Cotta zu empfehlen, bin ich

Hochwohlgeborener, sehr verehrter Herr, / mit den Gefühlen der größten / Hochachtung und Verehrung / Ihr ganz ergebener Diener / Dr. Wilhelm Hauff.

[1] Johann Friedrich Cottas Antwortbrief vom 15. Juli 1826 hat sich nicht erhalten.

[2] Wilhelm Hauffs Mutter Wilhelmine (1773–1845) mußte nach dem frühen Tod ihres Mannes August Friedrich Hauff (1772–1809) allein für den Unterhalt ihrer vier Kinder aufkommen; neben Wilhelm noch Hermann (1800–1865), Marie (1805–1842) und Sophie (1807–1858). Dabei gewährte ihr Johann Friedrich Cotta mehrfach Darlehen.

[3] Während seines Parisaufenthalts hatte Hauff Mitte Juni 1826 eine Reise in die Normandie unternommen, bei der er in Dieppe erstmals das Meer sah. – Offenbar hatte Cotta Hauff eine Art Reisestipendium angeboten, wobei er als Gegenleistung Berichte aus England für seine Zeitschriften erwartete – ähnlich wie kurz darauf im Fall von Wilhelm Waiblinger (1804–1830), der nach Italien reiste.

[4] Gemeint ist das *Taschenbuch für Damen*, der langlebigste von Cottas Almanachen (1798–1822), den der Verleger nun nach fünfjähriger Pause wieder aufleben lassen wollte.

[5] Das Angebot kam von seinem Stuttgarter Verleger Friedrich Franckh (1795–1865); ein weiteres von einer nicht näher genannten Berliner Buchhandlung. Zudem hatte Hauff nach seinen literarischen Erfolgen vom Herbst 1825 zahlreiche Einladungen zur Mitarbeit an verschiedenen Periodika erhalten, auch den Antrag, eine belletristische Zeitschrift zu redigieren. – Seine Märchen ließ Hauff bekanntlich in der zur Biedermeierzeit beliebten Almanachform erscheinen, den ersten davon im November 1825, *Mährchen-Almanach auf das Jahr 1826, für Söhne und Töchter gebildeter Stände*.

[6] Neben dem gleich darauf erwähnten *Frauentaschenbuch*, das von Georg Döring (1789–1833) redigiert wurde, sind dies wohl das bei F. A. Brockhaus erscheinende Taschenbuch *Urania*, die *Penelope* in der Hinrichs'schen Buchhandlung sowie die *Rosen* der Leo'schen Verlagsbuchhandlung für die beide Karl Winkler (Theodor Hell) (1775–1856) verantwortlich war. Gegenüber Winkler, dem Hauff im Februar 1826 für die *Penelope* absagte, sprach er sogar davon, von fünf weiteren Taschenbüchern zur Mitarbeit aufgefordert worden zu sein.

[7] Im *Frauentaschenbuch für das Jahr 1827* erschien Hauffs Novelle *Die Sängerin*.

[8] Das von Johann Friedrich Cotta 1807 gegründete und von ihm stets aufmerksam überwachte *Morgen-blatt für gebildete Stände*, die wohl bedeutendste deutsche Kulturzeitschrift aus der ersten Hälfte des 19. Jahrhunderts, war zunächst von Friedrich Haug (1761–1829) und dann von Therese Huber (1764–1829) redigiert worden. Nach deren Ausscheiden aus der Redaktion zum Ende des Jahres 1824 besorgten Cotta selbst und sein Sohn Georg (1796–1863) das Blatt.

[9] Diese *Reisebilder* erschienen erst nach Hauffs Tod unter dem Titel *Ein paar Reisestunden* in den Nrn. 287–291 vom 30. November bis 5. Dezember 1827 des *Morgenblatts*. Zum damaligen Zeitpunkt hatte Hauff bereits Beiträge für Karl Winklers *Abend-Zeitung* und das von Karl Panse (1798–1871) redigierte Blatt *Der Eremit in Deutschland* eingesandt; an sie dachte er hier wohl.

[10] Unterhaltungsschriftsteller und Modeautoren der Zeit: Karl Franz van der Velde (1779–1824), Johanna Schopenhauer (1766–1838), die Mutter des Philosophen, und die Wiener Salonière Caroline Pichler (1769–1843).

[11] Bereits im März 1826 hatte Hauff geäußert, dass man ihm die Redaktion sowohl einer belletristischen Zeitschrift wie auch eines kritischen Journals angeboten habe. Aus dem ersten Vorschlag ging der gemeinsam mit Franckh entwickelte Plan hervor, eine Kulturzeitschrift für Süddeutschland nach dem Vorbild der französischen Zeitschrift *Le Globe* herauszugeben, über den sich Hauff mit Franckh unmittelbar vor diesem Brief in Aachen besprach. Der Plan kam nicht zustande, wohl auch wegen des Cotta'schen Angebots.

3 | Wilhelm Hauff an Johann Friedrich Cotta. Berlin, 17. September 1826.

Hochwohlgeborener / Sehr verehrter Herr!
Sie haben mir durch Ihr verehrtes Schreiben vom 9ten d. m.[1] große Freude bereitet, indem es mir ein Beweiß war, daß Sie mein Bestreben, Ihnen gefällig zu seyn, nicht verkennen. Zu noch größerer Freude wird es mir gereichen, wenn ich erst durch die That zeigen kann, wie sehr ich Ihre gütigen Gesinnungen gegen mich zu schätzen weiß.

Ich habe, was zuerst den Almanach betrifft, deßen Leitung Sie mir übertrugen, vorläufig in den Städten die ich bereiste, das Publicum zu sondiren gesucht und in Caßel, Göttingen, Hannover, Bremen, Hamburg und in Berlin gefunden, daß man einer zeitgemäßen Fortsetzung dieses Instituts durchaus nicht abgeneigt ist, im Gegentheil sprach sich in manchen Familien dieser Städte, die man unter die gebildetsten zehlen darf, eine gewiße alte Anhänglichkeit an den Damen-Almanach aus, besonders bey Frauen, die ihn in einer Periode gelesen hatten, wo andere Institute ähnlicher Art sich nicht mit ihm meßen konnten. Wie heutzutage alles nach der Mode sich richtet, wie man das Neue preißt, nicht weil es schöner und gediegener als das Alte, sondern eben weil es neuer und moderner ist, so äußert sich auch der Einfluß der Mode auf diese Büchlein. Innhalt, Form, Ausschmückung sollen nach anderem Schnitt seyn als vor zehen, zwanzig Jahren.

Ein ModeArtikel unserer Zeit ist die Novelle. Die solidesten Modehändler in diesem Fach sind wohl jezt F. Tieck, Willib. Alexis L. Kruse und G. Döring.[2] Sie haben die gediegensten Stoffe, die gefeilteste Arbeit und – huldigen mehr der Muse als dem Publicum. Andere wie Tromliz, Blumenhagen, Mosengeil etc. sind schon etwas leichterer Art und richten sich auf Kosten der inneren Güte, nach dem Geschrei der Menge.[3] Wenn etwas recht Schönes und Gediegenes im neuen Damenalmanach gegeben werden soll, so möchte ich, als Vorschlag, den Innhalt also angeben:

1. Novelle von L. Tieck. 1. Erzählung von W. Alexis; einige Gedichte oder Romanzen von L. Uhland, G. Schwab W. Menzel, oder von W. Müller und Kerner.[4] Lieder solcher Dichter sind immer eine Zierde. Sodann 1. Erzählung von G. Döring und, falls es nicht unbescheiden ist, wenn der Redacteur auch ein Wort mitspricht, eine Novelle von mir. W. Alexis und G. Döring könnte ich mit großer Zuverläßigkeit zusichern. Schwüriger möchte es mit Tieck werden.[5]

Einen zweiten Vorschlag möchte ich über die Kupfer machen. Kupfer aus den Erzählungen selbst zu geben, scheint mir eine schwürige Sache; Darstellungen nach den Bildern großer Maler werden, wenn sie nicht mit der Vollkommenheit gegeben sind, wie sie etwa die Wiener Aglaia gibt,[6] vom Publicum oft kalt aufgenommen. Am Zwekmäßigsten schiene mir eine Reihe[n]folge von Bildern, nach irgend einem Dichter. Am intereßantesten möchte wohl Jean Paul seyn.[7] Welch herrliche Stoffe gibt sein Titan, sein Hesperus und für ein komisches Talent wäre Kazenbergers Badereise u. d. g. ein reiches Feld. Auch Uhlands Gedichte sind voll von schönen Bildern.

Ueber diese Punkte Ihre Meinung zu erfahren, würde mir von größtem Intereße seyn, Hauptsächlich aber – ob Sie den DamenAlmanach schon auf 1828 herauszugeben wünschen, weil ich mich dann nicht nur wegen meinen eigenen Arbeiten, die dringend bestellt sind, sondern auch wegen Mitarbeitern nach diesem Termin zu richten hätte. Auch bitte ich mir Andeutungen hinzuzufügen, wie weit ich bey Anwerbung von Mitarbeitern in Hinsicht auf Honorar gehen darf. Wie ich aus meinen eigenen Verhältnißen schließen kann, werde ich Leuten wie W. Alexis, Döring oder Kruse, nicht unter 5 Louis d'or (à 5 rth) für den Bogen von 24 Seiten bieten dürfen.[8] Es käme hiebey hauptsächlich darauf an die Handlung Leo in Leipzig zu überbieten, welche für ihre »Rosen« sehr gute Mitarbeiter durch hohe Honorare gewonnen hat.[9] Als Beyspiel, nicht von guten Mitarbeitern, sondern von hohen Honoraren führe ich an, daß mir, der ich doch erst seit kurzem ein wenig bekannt bin, gedachte Handlung 25 ReichsThl für 16 Seiten anbot.

Eine andere Stelle Ihres werthen Briefes hat nicht minder angenehme Empfindungen in mir erregt, es ist die Stelle worinn Sie Sich nicht ungeneigt zeigen, das M.blatt meiner Leitung anzuvertrauen. Ein solches Verhältniß wäre für mich von hohem Werth, nicht sowohl der Sache selbst wegen, denn auch von anderen Seiten wurden mir Anträge gemacht Institute ähnlicher Art zu leiten, sondern weil es mich aufs Neue in Verbindung mit Ihnen, verehrter Herr! setzen würde, weil es mir einen Wirkungskreiß eröffnete, worinn ich beweisen könnte, wie hoch ich Ihr Vertrauen schäze und es zu rechtfertigen bestrebt bin.

Bey Ihrem grosartigen Wirken und Leben kann man nicht von einem kleinen, müßigen Augenblik sprechen, den Sie dem Entfernten schenken möchten; doch sollte sich durch die Gunst des Zufalls ein solcher finden, so bitte ich über obige Gegenstände mir in wenigen Zeilen Ihre Gesinnung mitzutheilen. Indem ich mich in Ihre fernere Gewogenheit empfehle, bin ich mit vollkommener Hochachtung und Ergebenheit

Hochwohlgeborener, Sehr verehrter Herr! / Ihr ganz gehorsamer / Dr. Wilhelm Hauff.

[1] Cottas Brief vom 9. September 1826 ist nicht erhalten.

[2] Hauff setzte hier versehentlich ein ›F‹ anstelle – wie dann weiter unten im Brief – des richtigen ›L‹. Möglicherweise stand ihm statt des eigentlich gemeinten, gefeierten Dresdner Novellisten und »Königs der Romantik«, Ludwig Tieck (1773–1853), dessen Bruder, der in Berlin lebende Bildhauer Friedrich

Tieck (1776–1851) vor Augen. Willibald Alexis war das Pseudonym von Wilhelm Häring (1798–1871), Erzähler und Novellist, mit dem Hauff sich den Ruhm teilt, den deutschen historischen Roman begründet zu haben. Im Fall des deutsch-dänischen Schriftstellers Laurids Kruse (1778–1839), der u. a. Kriminal-geschichten schrieb, und vollends bei dem bereits erwähnten Georg Döring fällt das Urteil der heutigen Literaturgeschichte strenger aus als das Hauffs.

[3] Unterhaltungsschriftsteller und Almanachsliteraten der Zeit: A. v. Tromlitz war das Pseudonym von August von Witzleben (1773–1839); seine Novellen erschienen ebenso wie die von Wilhelm Blumenhagen (1781–1839) häufig in der Dresdner *Abend-Zeitung*. An Friedrich Mosengeil (1773–1839) erinnert man sich heute weniger wegen seiner Schriftstellerei als wegen seiner Verdienste um die Entwicklung einer deutschen Kurzschrift.

[4] Neben den Dichtern der schwäbischen Romantik Justinus Kerner (1786–1862), Gustav Schwab (1792–1850) und v. a. Ludwig Uhland (1787–1862), dessen nationaler Ruhm damals schon eingesetzt hatte, nennt Hauff noch den als Lyriker weniger einschlägigen Redakteur des *Literatur-Blatts*, Wolfgang Menzel, sowie Wilhelm Müller (1794–1827), bekannt durch seine philhellenischen Lieder und die von Franz Schubert (1797–1828) vertonten Zyklen *Winterreise* und *Die schöne Müllerin*.

[5] Mit Georg Döring stand Hauff seit längerem in brieflicher Verbindung; auch hatte er ihn während seiner Reise nach Paris in Frankfurt besucht. Willibald Alexis hatte er wohl eben in Berlin persönlich kennen-gelernt, Ludwig Tieck sollte er noch Ende Oktober 1826 in Dresden aufsuchen.

[6] Das Taschenbuch *Aglaja* im Verlag Johann Baptist Wallishausser zeichnete sich durch hervorragende Kupferstiche nach Gemälden alter Meister aus.

[7] Jean Paul (1763–1825) war unter den bedeutenden Autoren der Goethezeit neben Schiller sicherlich der populärste. Auch für Hauff ist die intensive Lektüre der nachfolgend genannten Titel belegt.

[8] Ein Louis d'or (Goldmünze) entsprach vom Wert her fünf Reichstalern, der in Norddeutschland damals gängigen Währung. Ein Arbeiter in der Cotta'schen Druckerei verdiente etwa 200 Taler jährlich. Hauffs späteres Gehalt als Redakteur des *Morgenblatts* betrug 1.100 Gulden; nach seinem eigenen Umrech-nungsschlüssel von 11 Gulden für einen Louisd'or entspräche das 500 Talern. Eine hundertseitige

Novelle in einem Taschenbuch im Duodezformat (24 Seiten pro Bogen) wäre demnach mit rund 100 Reichstalern honoriert worden.

[9] In den *Rosen. Taschenbuch für 1827*, Leipzig, bei Friedrich August Leo, erschienen Novellen von Willibald Alexis, Georg Döring und Theodor Hell (Karl Winkler), allesamt Bekannte und Korrespondenzpartner Hauffs, im Jahrgang 1828 finden sich u. a. A. v. Tromlitz und Wilhelm Blumenhagen.

4 | Wilhelm Hauff an Johann Friedrich Cotta. Leipzig, 20. Oktober 1826.

Hochwohlgeborner, / Sehr verehrter Herr!

Ihrem Wunsche gemäß, etwas von meiner Arbeit in Ihrem Morgenblatt zu sehen, übersende ich Ihnen anbey meine Novelle »Die Bettlerinn vom Pont des arts«.[1] Der Wunsch von meiner Seite, Ihnen nur etwas, nach meinen Kräften, Gediegenes zu überreichen, verzögerte diese Arbeit, die ich lieber schon im September eingesandt hätte. Ich hoffe Sie werden mit Form, Styl und Innhalt nicht unzufrieden seyn. Der einzige Zweifel der mir, als ich die Abschrift noch einmal wiederlas aufstieß war, ob diese Novelle nicht vielleicht zu lange, zu breit für Ihr Blatt, wie es sich bisher gestaltete seyn möchte. Ausgedehnt ist sie nirgends, eher oft zu sehr gedrängt. Der Stoff einer Novelle und ihre Charaktere, sind sie einmal ausgedacht, berechnet und geordnet würden oft zu einem längeren Roman hinreichen; und doch darf auch in der kleineren Erzählung, was ja doch die Novelle ist, kein Charakter verkürzt werden; jeder einzelne muß en miniature nicht minder deutlich hervortreten, als die Bilder eines Romans, welchen weitere Ausdehnung angewiesen ist, die daher auch mit mehr Bequemlichkeit gehandhabt werden können. Sollte Ihnen diese Novelle zu ausgedehnt für gedachtes Blatt erscheinen, so bitte ich solche meinem Bruder zurükzustellen,[2] da ich ihr dann, einen anderen Plaz bestimmt habe. Auch wünsche ich daß sie bald abgedrukt würde; ein

Wunsch, den Sie einem jungen Schriftsteller nicht verargen werden. Um schließlich über den Preis dieser Arbeit etwas hinzuzufügen, so ist er 20 Rthler für den gedrukten Bogen.

Ich hoffe mein lezter Brief aus Berlin soll Ihnen überreicht worden seyn; Sie werden daraus meine Bereitwilligkeit ersehen haben, zu Ihren Diensten zu seyn. Für den Almanach, deßen Leitung Sie mir übertrugen, habe ich bis jezt einen beliebten Erzähler und Dichter, Willibald Alexis unter annehmlichen Bedingungen gewonnen, doch so daß es mir noch immer frei steht zurükzutreten, wenn er Ihren Beifall als Mitarbeiter nicht erhalten sollte. Er arbeitet gegenwärtig an einer Erzählung, die nach meiner Einsicht sich trefflich für dieses Institut eignen würde.[3] Sie wäre bis Anfang Februars bereit, wenn Sie etwa den Almanach im nächsten Jahre erscheinen laßen wollten. Die Ungewißheit über den lezteren Punkt erschwerte diese Negotiation bey einigen Anderen bedeutend.

Als eine Neuigkeit die Ihnen in Hinsicht auf das M-Blatt von einiger Wichtigkeit seyn könnte, melde ich daß D. Kuhn von der Redaction des Freimüthigen abtritt, und lezteres Blatt von einer Gesellschaft junger Berliner Gelehrter erneuert oder umgestaltet werden soll. Die Namen welche mir genannt wurden laßen auf nicht unbedeutenden Erfolg schließen.[4]

Ich hoffe bis Mitte Novembers Sie mündlich jener Hochachtung und Ehrfurcht versichern zu können, womit ich bin,

Hochwohlgeborner / Sehr verehrter Herr! Ihr ganz ergebener Diener /
Dr. Wilhelm Hauff.

[1] Hauffs Novelle erschien in den Nrn. 276–305 vom 18. November bis 22. Dezember fortsetzungsweise im *Morgenblatt*.

[2] Hermann Hauff hatte nach seinem Tübinger Medizinstudium seit 1823 als Arzt in Schwaigern bei Heilbronn praktiziert, war jedoch schon zu Anfang des Jahres 1826 nach Stuttgart umgezogen, wo er sich literarisch zu betätigen gedachte.

[3] Gemeint ist vermutlich die Novelle *Venus in Rom*, die dann tatsächlich im *Taschenbuch für Damen auf das Jahr 1828* erschien.

[4] *Der Freimüthige*, 1803 von dem umtriebigen Literaten August von Kotzebue (1761 – 1819) gegründet, war seinerzeit eines der Vorbilder des *Morgenblatts* gewesen. Seit 1811 stand das Blatt unter der Redaktion von August Kuhn (1784 – 1829); der Jahrgang 1829 wurde unter der Verantwortung der Schlesinger'schen Verlagsbuchhandlung herausgegeben. Von 1830 an wurde die Zeitschrift mit dem von Willibald Alexis redigierten *Berliner Conversationsblatt* verschmolzen; es ist anzunehmen, daß Hauff hier von Alexis spricht.

5 | Wilhelm Hauff an Johann Friedrich Cotta. Stuttgart, 4. Dezember 1826.

Hochwohlgeborner / Sehr verehrter Herr!
Sie haben in einigen Schreiben, womit Sie mich auf meiner Reise durch Deutschland zu beehren die Gnade hatten, eine so gütige Gesinnung gegen mich an den Tag gelegt, daß mir der feste Glauben daraus erwachsen ist, ich könne mich in jedem zweifelhaften Falle mit Vertrauen an Sie wenden, als an einen Mann, der mich und mein ungeheucheltes Zutrauen zu würdigen versteht.

Es ist Ihrer Erinnerung vielleicht nicht ganz entgangen daß ich Ihnen in Antworten auf einige gütige Aeußerungen über mich, andeutete, daß mir allerdings schon mehrere Anträge gemacht worden seyen, literarische Institute zu leiten, daß aber, nach so großem Vertrauen das Sie mir zeigten, meine Kräfte und Bemühungen vor allem zu <u>Ihren</u> Diensten stehen.

Mit wachsendem Vergnügen las ich in Ihrem lezten gütigen Schreiben die Worte: »der Zeitpunkt meiner Rükkehr möchte vielleicht günstig seyn, um die Sache (das Morgenblatt) ganz in meine Hände zu legen.«

Zurükgekehrt in meine Heimath finde ich mich von zwei Seiten um Erklärung gedrängt, ob ich die Leitung dieses oder jenes literarischen Institutes übernehmen wolle. Es ist namentlich das Industrie Comptoire in Leipzig, das mir zu Beantwortung dieser Frage nur noch bis zum 15. December Zeit vergönnt, indem es mir die Redaction der Zeitschrift »Der Eremit in Deutschland« anträgt, mit der angenehmen Bedingung daß ich dieses Journal, das in Zukunft in zwanglosen Heften erscheint, auch von Stuttgart aus redigiren könnte.[1]

Indem ich nun durch diese Umstände gedrängt die bescheidene Frage an Sie wage, ob Sie den Zeitpunkt meiner Rükkehr für minder geeignet halten, Sich meiner Dienste zu bedienen, weiß ich zuverläßig, daß Sie, sehr verehrter Herr! mir Zartgefühl genug zutrauen, um in dieser Frage nichts anderes zu finden, als jenes gegenseitige Vertrauen, zu welchem mich Ihre schöne Liberalität, und jene gnädigen Gesinnungen verführten, womit Sie mir auf eine unvergeßliche Weise entgegenkamen.

Sollte vielleicht ein anderer Zeitpunkt, spätere Jahre meinem Wunsche, Ihnen durch die That meinen Dank für Ihr Vertrauen auszudrüken, günstiger se[yn] so bleibt mir die schöne Hoffnung daß Sie da[nn] bey jeder Gelegenheit über meine Kräfte vertrauungsvoll verfügen werden, es bleibt mir der angenehme Gedanke, Ihnen nur um so uneigennütziger dienen zu können.

Ich habe für diese Worte den brieflichen Weg gewählt, weil solcher, bey Ihren großen und manigfaltigen Geschäften, minder zeitraubend seyn möchte, als der Weg der Unterredung. Ist er ja doch ebenso geeignet Ihnen die tiefe Verehrung auszudrüken womit ich bin

HochWohlgeborner, sehr verehrter Herr! / Ihr ganz ergebener Diener / Dr. Wilhelm Hauff.

[1] Die im Leipziger Industrie-Comptoir von Julius Alexander Baumgärtner (1797 – 1855) erscheinende Zeitschrift *Der Eremit in Deutschland*, in der Hauff seine Skizzen *Freie Stunden am Fenster* und

Der ästhetische Klub veröffentlicht hatte, wurde 1826/28 durch Karl Panse redigiert; von 1829 an kam sie unter dem Titel *Der Eremit. Blicke in das Leben, die Journalistik und die Litteratur der Zeit* heraus und stand unter der Redaktion des Literaten Friedrich Gleich (1782–1842).

6 | Wilhelm Hauff an Johann Friedrich Cotta. [Stuttgart], 8. Dezember 1826.

Hochwohlgeborner / Sehr verehrter Herr

Sie haben mir gestern den eben so ehrenvollen als angenehmen Auftrag ertheilt, in Besorgung des Morgenblattes Sie zu unterstüzen. Sie haben mich aufgefordert Ihnen Vorschläge zu machen, über die Art, wie sich dieses Verhältniß in pecuniärer Hinsicht gestalten ließe. Sie haben mir Aufrichtigkeit im vollsten Sinne und eine gewiße Frei-müthigkeit zur Pflicht gemacht, die jede andere Rüksicht, als jene unbegränzte Hochach-tung, die ich für Sie hege, vergeßen läßt. Ich versuche diesem Auftrag schriftlich nachzu-kommen, weil es mir unmöglich scheint ihn weitläuf[ig] mündlich zu erörtern, ich werde meine Verhältniße und Aussichten, meine Wünsche und Ansprüche auseinandersetzen, überzeugt nicht für unbescheiden, sondern für offen und redlich zu gelten.

Laßen Sie mich zuerst die Anträge entwikeln, die mir andern Orts gemacht wurden.

Der älteste rührt von einer hiesigen Handlung her, welche mir anträgt ein critisch-belletristisches Blatt zu leiten das wöchentlich <u>viermal</u> erschiene. Das Honorar für die Redaction wird auf –: 1000 f bestimmt, meine Beyträge mit 5 Louisd'or bezahlt.[1]

Der zweite Vorschlag wurde mir von zwei Senatoren der Stadt Bremen gemacht, die Bremer Zeitung zu leiten mit einem Honorar von 1200 Thalern.[2]

Der dritte rührt von der Handlung Baumgärtner in Leipzig (Industrie Comptoir.) die Redaction der Zeitschrift der Eremit zu führen. Für die Besorgung von Jährlichen <u>48</u> Bogen würden dem Redacteur 700 Thaler geboten, seine Beyträge mit 25 Thalern honorirt.

Das vierte Anerbieten ist das der Brönner'schen Buchhandlung in Frankfurth a/m die Leitung eines Theiles der »Zeitung für die freie Stadt Frankfurth« zu übernehmen. Der Redactionsgehalt wurde in mehreren Besprechungen zu 2000 f angeboten.[3]

Zwei dieser Aufträge könnte ich in meiner Vaterstadt besorgen, der dritte würde mich nach Frankfurth führen, einen Ort, der Manches in sich trägt die Vortheile der beschränkteren Heimath zu überwiegen.

Die fünfte Aufforderung wurde mir von Ihnen, Sehr verehrter Herr zu Theil. Sie werden mich nicht der Schmeicheley anklagen, wenn ich gestehe, daß er für [mich] schon darum von hohem Werthe ist, weil er mir ein freundliches Verhältniß mit einer Familie eröffnet, für welche mein Herz immer mit so hoher Verehrung schlug; Sie werden mir es aber eben so wenig verargen wenn ich mit Umsicht und Ueberlegung einen Schritt berathe, der über meine Zukunft entscheiden soll.

Der unabhängige Aufenthalt einer Familie[4] in einer Stadt, wie Stuttgart erfordert eine Summe, die der Mann erstreben muß. Ich würde wenn ich leichtsinnig oder unredlich (beydes gleichgroße Fehler) seyn möchte, durch eine geringe Summe die ich Ihnen vorschlagen würde, Sie locken mir die Besorgung des M.Bl. vielleicht zu übergeben dann aber wäre ich vielleicht genöthigt durch anhaltendere literarische Arbeiten meiner Familie das zu ersetzen, was etwa fehlen könnte. Leicht könnte dann der Fall eintreten daß ich mir die Besorgung Ihres Blattes weniger schwer und Zeitraubend machte. Doch wenn ich den Werth Ihres Blattes, Ihr Zutrauen zu mir, wenn ich meinen eigenen, menschlichen Werth betrachte, so erröthe ich schon vor dem Gedanken an eine solche Untreue.

Sie wißen vielleicht aus eigener Erfahrung daß sich die Liebe zu einem solchen Institut, jener innere Tact es gewißenhaft zu leiten nicht bezahlen laßen.

Sie können den Mann der es besorgt, sey er wer er wolle, nur für die Zeit entschädigen die er aufwendet. Es ist diß mehr eine Ermunterung, als ein wirklicher Lohn.

Wollen Sie nun, Sehr verehrter Herr den Versuch wirklich mit mir wagen, so werden sowohl Sie als mich jene obigen Bemerkungen leiten.

In Erwägung anderer Anträge, in Erwägung daß das M.Blt. sechsmal wöchentlich erscheint schlage ich Ihnen vor, die Summe für meine Bemühungen um die Leitung dieses Instituts auf 1400 f festzusetzen, meine Beyträge aber mit <u>vier</u> Louisd'or [zu] honoriren. Bey den lezteren aber müßte ich als Bedingung hinzufügen, daß immer zuvor die Aufforderung zu einem neuen Beytrag von Ihnen ausginge und das Versprechen jede meiner Arbeiten, ehe ich sie zu irgend einem Zwek weiter beförder, zuerst Ihnen anzubiethen.

So übergebe ich denn diesen meinen Vorschlag in Ihre Hände, überzeugt daß Sie die Rüksichten die mich dabey leiteten billigen und die Versicherungen meiner ausgezeichneten Hochachtung genehmigen werden, womit ich bin

Hochwohlgeborner, sehr verehrter Herr! / Ihr ganz ergebener Diener / D.W. Hauff.

[1] Gemeint ist die Franckh'sche Verlagsbuchhandlung, bei der mit Ausnahme des Märchen-Almanachs alle Bücher Hauffs erschienen waren, der *Mann im Mond*, die *Mittheilungen aus den Memoiren des Satan* und *Lichtenstein*. – ›f‹ ist die Abkürzung für Gulden, die in Süddeutschland damals übliche Währung; drei Gulden entsprachen üblicherweise zwei Reichstalern, allerdings setzte Hauff in seinen Berechnunge den Gulden stets niedriger an.

[2] Während seiner Reise durch Norddeutschland hatte sich Hauff vom 26. August bis zum 6. September in Bremen aufgehalten, wo er viel im Haus von Bürgermeister Johann Smidt (1773 – 1857) verkehrte und die Bekanntschaft zahlreicher einflußreicher Männer machte, darunter auch die der Senatoren Franz Friedrich Droste (1784 – 1849) und Johann Gildemeister (1799 – 1849); Letzterer war an der *Bremer Zeitung* beteiligt. Doch ist über ein konkretes Stellenangebot an Hauff sonst nichts bekannt.

[3] Gemeint ist die Redaktion der Zeitschrift *Iris. Unterhaltungsblatt für Freunde des Schönen und Nützlichen*, die als Beilage zur *Zeitung der Freien Stadt Frankfurt* erschien. Noch am Tag nach diesem

Brief, am 9. Dezember, erbat sich Hauff von der Brönner'schen Buchhandlung die genauen Bedingungen eines solchen Engagements, als allerdings im Gegenzug nur noch von Mitarbeit an der *Iris* die Rede
war, beendete Hauff die Korrespondenz.

⁴ Wilhelm Hauff war seit Frühjahr 1824 mit seiner Kusine Luise Hauff (1806–1867) aus Nördlingen
verlobt; die beiden heirateten im Februar 1827.

7 | Wilhelm Hauff an Johann Friedrich Cotta. [Stuttgart, Ende Dezember 1826].[1]

Ueber den Vorschlag zur Einrichtung des Geschäftsganges des Morgenblatts, erlaube
ich mir einige Bemerkungen anzufügen. Ich finde im Allgemeinen die Grundsätze nach
welchen diese Artikel abgefaßt sind billig und in der Natur der Sache begründet. Es
ist der Fall möglich und in Hinsicht auf Tageblätter sogar häufig, daß eine Handlung oder
auch eine Privatperson ein Blatt heraus zu geben unternimmt, ohne deßwegen in
seiner Inneren Struktur selbst zu arbeiten. In solchem Fall handelt ein verantwortlicher
Redacteur für den Unternehmer. Im concreten Fall hat der Unternehmer das Blatt nicht
nur gestiftet sondern auch selbst persönlich geleitet und fortgeführt, es ist daher kein
Grund denkbar, warum er, wenn er sich nach einem Gehülfen in der Redaction umsieht,
deßwegen die Leitung ganz und durchaus einer fremden Hand übergeben sollte. Aus
diesem richtigen Grundsatz sind mehrere der Artikel folgerichtig abgeleitet.

Zu Art. III wünsche ich übrigens den Zusatz, daß die Bestimmungen des Eigenthümers
über Manuscripte, Correspondenzen etc schon bezahlter Mitarbeiter, denn doch auch
eine schonende Rüksicht auf die Verhältniße nehmen mögen, in welchen der, dem
Publicum als solcher bekannt gewordene, Redacteur zu der Literarischen Welt stehe.
Namentlich wünsche ich daß dem Morgenblatt, sey es in eigenen Aufsätzen oder Correspondenzen jener <u>polemische</u> Charakter ferner bliebe, der meist nur aus Privat-Absichten

der Mitarbeiter hervor geht. Das Morgenblatt hat einen so guten Namen daß es über den Parteien schweben, nicht in ihnen sich umtreiben muß. Wirkliche Streitigkeiten können im Literaturblatt abgemacht werden, wo ich jeden Kampf für das Morgenblatt auszufechten bereit bin.

   – : zu A. IX.

Dieser Artikel möchte leicht zu Irrungen Veranlaßung geben und ich wünsche ihn daher näher bestimmt. Der Eigenthümer hält es für sein Blatt förderlich, wenn ich vierteljährlich 12–13 Bogen dazu liefere? Es kann dieser Wunsch aus dem Munde eines Mannes, der mit den ersten Geistern unseres Volkes so vertraut war, der Göthe, Schiller, Herder und so manches Grosartige der Mit- und Nachwelt übergeben hat, nicht anders als schmeichelhaft seyn. Aber ich gebe wohl zu bedenken, acht und vierzig Morgenblatt-bogen in einem Jahr von einer Feder, was noch mehr ist, von der Feder des Redacteurs! Mein Fach ist besonders das Erzählende, die größte meiner Novellen würde 5 Bogen füllen und ich müßte also neun Novellen, jede zu etwa 80–90 Spalten geben![2] Würde diß etwa Reichthum an Materialien verrathen? Müßte nicht der Redacteur erröthen wenn niemand als er selbst im Blatt erzählt? Aber abgesehen davon, könnte es möglich seyn, daß ich mit dem besten Willen, ohne irgend eine andere Beschäftigung, jährlich 48 Morgenblattbogen schriebe?

Aber auch in pecuniärer Hinsicht möchte ich dem Morgenblatt diß nicht rathen. Ich könnte unter 4–5 Louisd'or den Bogen nicht übergeben und zweitausend Gulden für einen Erzähler wäre eine Summe, die beßer angewendet werden, und für die Mannigfaltigkeit des Blattes ungleich wirksamer werden könnte.

Ich schlage vor: Man fordere jährlich nicht mehr als zehen Morgenblattbogen Erzäh-lung etc. Denn leicht ließe sich eine Novelle von 4 Bogen in 12 ausdehnen, wollte man Waßer dazu gießen. Man überlaße es meiner Zeit, meiner Liebe für das Blatt mehr zu geben und zwar auch andere Aufsätze. Nach meinen Gehaltsbestimmungen werde ich

dann die Honorare berechnen und über lezteren Punkt den Vorschläge[n] des Eigenthümers entgegen sehen.

    Dr. W. Hauff.

[1] Offenbar hatte Johann Friedrich Cotta einen »Vorschlag zur Einrichtung des Geschäftsganges des Morgenblatts« formuliert – leider hat er sich nicht erhalten – auf den Hauff kurz vor Antritt seiner Redakteursstelle am 1. Januar 1827 mit seinen Ausführungen reagierte.

[2] Ein *Morgenblatt*-Bogen entsprach 8 Seiten oder 16 Spalten.

8 | Wilhelm Hauff an Johann Friedrich Cotta. [Stuttgart, 1827].[1]

Ewer [2] Hochwohlgeboren
mache ich hier einen Vers kenntlich, der mir bey der ersten Durchsicht, geschrieben,
nicht so stark erschien.[3] Sollten Sie ihn unpaßend finden so kann er ganz gut ausgelaßen
werden.

    Mit ausgezeichneter Hochachtung verharrend
    ergebenster Diener / W. Hauff.

[1] Das Datum dieses Briefs lässt sich nicht näher bestimmen.

[2] Frühnhd. Form von ›Euer‹, damals noch häufig in Respektsanreden.

[3] Nicht ermittelt.

9 | Wilhelm Hauff an Johann Friedrich Cotta. [Stuttgart,] 10. Januar 1827.

Ew. Hochwohlgeboren

erhalten anbey a, Brief des H. v. Budberg. b, Antwort auf diesen Brief die ihm im Namen
der Redaction geschikt werden könnte.[1]

    Genehmigen Sie die ausgezeichnete Hochachtung womit ich bin / dero ganz ergebener
Diener / Dr. W. Hauff.

[1] Von dem baltischen Schriftsteller Leonhard von Budberg (1785 – 1848) waren in Nr. 4 und 5 des *Morgenblatts* vom 4. und 5. Januar 1827 auf den 12. Dezember 1826 datierte Korrespondenznachrichten aus
St. Petersburg erschienen. Unter demselben Datum hat sich ein Brief Budbergs an Cotta erhalten, den
dieser am 17. Januar 1827 beantwortete. Offenbar hatte Budberg aber auch an die Redaktion des *Morgenblatts* geschrieben; die darauf fällige Antwort der Redaktion legte Hauff hiermit Cotta zur Prüfung vor.

10 | Wilhelm Hauff an Elisabeth von Cotta. Stuttgart, 16. Januar 1827.

Hochwohlgeborne / Sehr verehrte Frau!

Indem ich diese Zeilen an Sie schreibe, muß ich vor allen um Nachsicht gegen meine
Freiheit bitten, eine Nachsicht auf die ich rechnen zu können glaubte, wenn ich die
vielen Beweise von Gnade und freundlicher Güte überrechne, welche Sie mir zu geben
die Huld hatten. Aber ein Gefühl, streitend zwischen Beschämung, Beleidigung und
Wehmuth drängt mich, an Sie mich zu wenden, um über eine Sache Licht zu bekommen,
die nur ein unglükliches Mißverständniß seyn kann.

    Sie können denken daß der arme Monsieur »bon jour«,[1] der leider heute keinen <u>guten</u>
Tag hatte, von nichts anderem reden wird als dem Morgenblatt. Ich erzähle Ihnen einen

Fall, der sich Heute mit diesem Blatt zutrug. Das Morgenblatt war wie gewöhnlich
gestern von mir auf <u>heute</u> arrangirt worden. Der Setzer gibt zugleich an, was von den ihm,
von <u>mir</u>, zugesendeten Manuscripten nach meiner Vorschrift morgen und übermorgen
gedrukt werden sollte. Ich bestättigte diesen Vorschlag, denn er hatte Manuscripte
genannt, die von mir bezeichnet waren.

Heute nun wird dem Setzer, angeblich von Herrn v. Cotta, ein Manuscript zugesandt,
mit dem Befehl, es <u>sogleich</u> abzudruk.en Das gedrukte Blatt konnte nicht mehr abgeändert
werden, es erfolgte daher der <u>Befehl</u>, es in das nächste Blatt abzudruken. Von diesem
allem wurde mir vorher kein Wort gesagt und dieses Manuscript: »Reise von Wallenstadt
nach Genf« hatte ich noch nie <u>gesehen</u>.[2]

Mit Vergnügen hatte ich von Herrn v. Cotta den Auftrag übernommen, das Morgenblatt zu
leiten. Was Herrn v. Cotta zu dieser günstigen Meinung über mich stimmte, weiß ich nicht;
auf jeden Fall kann er nicht gedacht haben daß Wilhelm Hauff das Morgenblatt nur zum
<u>Schein</u> leiten werde. Ich bin mit meiner literarischen Ehre dafür Bürge, daß dieses Blatt nur
intereßante Stoffe enthalte, meine bürgerliche Ehre, sollte wenn man auch die literarische
vergißt, wenigstens so tief nicht beleidigt werden, daß ich vor den Setzern der v. Cotta'schen
Drukerey beleidigt werde; <u>ich</u> bin es, der dem Setzer die Manuscripte übergibt und – wie
leicht wäre es gewesen den kleinen Umweg über <u>mich</u> zu nehmen! Wenn dieses Manuscript
in der That so große Eile hatte, warum konnte man es nicht <u>mir</u> zuschiken, damit ich dem
Setzer bedeute, es soll augenbliklich gedrukt werden? Warum doch einen Menschen so
geflißentlich beleidigen, einen Menschen der es so redlich mit diesem Blatte meint?

Doch, ich kann dem Gedanken nicht Raum geben, daß ein Haus das mir immer wahrhaft
<u>edle</u> Gesinnungen zeigte, mich auf einmal und ohne Grund von sich entfernen wolle?
Habe ich doch gerade in Ihrem liebenswürdigen Familien Kreise gelernt,[3] daß man
die Form, auch gegen Leute die eine Stufe niederer sind, nicht verletzen müße, um seinen
eigenen geachteten Standpunkt nicht aus den Augen zu verlieren.

32

Ich schrieb diese vorhergehenden Zeilen nieder, eben als ich ein eigenhändiges Schreiben des Herrn v. Cotta bekam.[4] Er beklagt sich darinn über einen Aufsatz über den englischen Adel der in diesem Blatt gegeben wurde.[5] Dieser Aufsatz befand sich in einem Journal, das mir Herr von Cotta zur Benützung empfahl; Herr George v. Cotta, mit welchem ich diesen Aufsatz besprach, rieth zu seiner Aufnahme. Doch, wenn dieser Aufsatz auch nicht hätte gegeben werden sollen, wenn ein anderer an seine Stelle zu setzen war, so ist auf jeden Fall, wie ich jezt sehe, nicht durch ein Mißverständniß, sondern durch allzuschnelles Eingreifen die Form auf eine Art verlezt, die mich tief schmerzen muß.

Der deutsche Bürgerliche weiß, wenn er vernünftig seine Verhältniße bedenkt, recht wohl, daß er Unrecht thut, sich mit einer Claße gleichstellen zu wollen, die im Staat anerkannt die erste ist; er wird ihr überall und immer den Vortritt laßen; doch kann ein solches Subject verlangen, daß man seine bürgerliche Ehre hinwiederum schone, und nicht den Setzer einer Drukerey mit einer Sache beauftrage, die einem Mann zukam, den die ersten Geister Teutschlands als ihren Freund willkommen hießen.

Meine Bitte an Sie, gnädige, sehr verehrte Frau geht nach diesem dahin, daß Sie Herrn v. Cotta davon unterrichten möchten, daß ich eine weitere Erklärung als sein Brief von heute besagte, über diesen Vorfall wünsche. Sollte Sich vielleicht Herr v. Cotta in mir getäuscht haben, sollte er glauben daß ich Scenen ähnlicher Art, (wobey so leicht ein ehrenvoller Ausgang zu finden war,) mir gefallen laßen werde, so bitte ich, Sie möchten ihn von meinem Unvermögen überzeugen; es ließe sich ja nicht denken, daß ein Mann, der geringen Gedanken dieser Art Raum gebe, jene hohe Ehrfurcht und Hochachtungen in sich tragen könnte, womit ich bin

Hochwohlgeborne / Sehr verehrte Frau! / Ihr ganz ergebener / Dr. Wilhelm Hauff.

[1] Anscheinend ein Spitz- oder Neckname Hauffs, wohl noch aus seiner Hauslehrerzeit bei der Familie Hügel herstammend.

[2] Es handelt sich um einen Aufsatz des in Stuttgart lebenden und Cotta ebenso wie Hauff wohlbekannten Dichters Friedrich von Matthisson (1761 – 1831), der in den Nrn. 16 – 18 des *Morgenblatts* vom 18. bis 20. Januar 1827 abgedruckt wurde. – Zu den Ortsverhältnissen: Cotta residierte in der heutigen Nr. 31 der Königsstraße, wo sich im Hintergebäude auch die Cotta'sche Druckerei befand, die das *Morgenblatt* druckte. Wilhelm Hauff besorgte die Redaktion von seiner Wohnung aus, die sich zunächst in der Gymnasiumstraße, nach seiner Heirat dann in der Casernenstraße (heutige Leuschnerstraße) befand. Zwischen Wohnung und Druckerei liegt ein Fußweg von etwa 10 Minuten.

[3] Gemeint ist die Familie Hügel.

[4] Der Brief hat sich nicht erhalten.

[5] Es handelt sich um eine Rezension von *Debrett's Peerage of the United Kingdom of Great Britain and Ireland*, London 1825, aus *The Westminster Review* 5 (1826), S. 374 – 385, die auszugsweise (S. 379 ff.) von Hermann Hauff übersetzt worden war (*Morgenblatt* Nr. 15 vom 17. Januar 1827).

11 | Wilhelm Hauff an Johann Friedrich Cotta. Stuttgart, [25. Januar 1827?].[1]

Donnerstag.

Ewer Hochwohlgeboren,

nehme ich mir die Freiheit auf folgende 2 Romane aufmerksam zu machen, die in Paris erschienen sind und sich vielleicht zu einer kurzen und intereßanten Bearbeitung für das Morgenblatt eignen möchten:

1. Le Barbier de Paris, par Paul de Kock.
   erschienen bey Ambr. Dupont. 4 Bde 12. Preis 12 frc.
2. L'Espion de police, par De Lamothe Langon.
   bey demselben. 4 Bdchen 12. Preis 12 frc.[2]

Beide Romane sind im DecemberHeft der revue enciclpd. sehr günstig recensirt und scheinen der kurzen InnhaltsAnzeige nach intereßant zu seyn.[3]

Mit aller Hochachtung verharrend / Ewer Hochwohlgeboren / ganz ergebener / Dr. W. Hauff.

[1] Da das Dezemberheft der *Revue encyclopédique* erwähnt ist, dürfte der Brief im Januar 1827 geschrieben sein. Als Donnerstage kommen in diesem Monat der 4., der 11., der 18. und der 25. Januar in Betracht, wobei eher die späteren Daten anzunehmen sind.

[2] Französische Vielschreiber und Erfolgsautoren der Zeit. Ètienne-Léon de Lamothe-Langon (1786–1864) lieferte den Lesern zahlreiche Unterhaltungsromane; neben dem hier genannten etwa auch *La vampire ou la vierge de hongrie* (1825); ebenso wie der als Erzähler und Bühnenschriftsteller noch populärere Paul de Kock (1793–1871), an den sich noch Molly Bloom in James Joyce' *Ulysses* erinnert: »Nice name he has«.

[3] Die beiden Romane sind als Nr. 373 und 374 (S. 784 f. und 785 f.) im Dezemberheft des maßgeblichen französischen Rezensionsorgans der Zeit besprochen. Im *Morgenblatt* ist weder der eine noch der andere verwertet worden, jedoch kamen beide Romane 1827 in deutscher Übersetzung bei Franckh, Hauffs Hausverlag, heraus.

12 | Wilhelm Hauff an Johann Friedrich Cotta. Stuttgart, 27. Januar 1827.

Ewer Hochwohlgeboren,

Uebersende anbey 1) das Blatt des Globe[1] welches Sie mir am Donnerstag zur Benützung empfohlen. 2) die intereßante Vorlesung über Eisenbahnen aus dieser Nummer übersezt.[2] 3.) Einen Artikel aus dem Mercure du XIX Siecle; beide lezteren bitte nach genommener Einsicht, in die Drukerey zu geben.[3] 4) für gnädige Frau Carricaturen über den Bremer Senat.[4] 5. Correspondenz fürs Morgenblatt.

Mit Empfehlung in Ihre hohe Gewogenheit / Ewer Hochwohlgeboren / ganz ergebener /
Dr. W. Hauff.

[1] *Le Globe* war eine bedeutende französische Zeitschrift im liberalen Geist, die die Felder der Literatur,
der Philosophie, aber auch der Politik und der gesellschaftlichen Entwicklungen abdeckte. Später wurde
sie zum Organ der Saint-Simonisten. Bekannt ist das nachhaltige und produktive Interesse Goethes an
dem Blatt.

[2] Gemeint ist der Artikel über den Vortrag von M. Girard in der Akademie der Wissenschaften vom
7. Januar 1827 in der Nr. 67 des *Globe* vom 16. Januar 1827: *Sur les grandes routes, les chemins de
fer et sur les canaux de navigation*. Die deutsche Übersetzung scheint nicht im *Morgenblatt* erschienen
zu sein.

[3] Welcher Artikel aus der renommierten französischen Literaturzeitschrift (1823 – 1830) gemeint ist, war
nicht zu ermitteln.

[4] Diese dürften Hauff von seinen Bremer Bekannten zugeschickt worden sein.

13 | Johann Friedrich Cotta an Wilhelm Hauff. Stuttgart, Februar 1827. [1]

Ew. Wohlgeboren
werden erlauben, daß ich mich schriftlich gegen Sie über eine Sache ausspreche, die
mir sehr am Herzen ligt, da sich bisher keine Gelegenheit bot, Ihnen mündlich meine
Gedanken mitzutheilen. Wenn ich die Redaction des Morgenblatts in Ihre Hände legte,
geschah es in der Absicht, daß ich bei meinen vielen Geschäften die Leitung eines
Instituts, für das ich mich seit zwanzig Jahren persönlich interessire, in Händen wüßte,
auf die ich vollkommen vertrauen könnte. Es war mir dieß so wünschenswerth, daß ich,
in der Aussicht einer zeitraubenden Beschäftigung enthoben zu werden, alle von Ihnen

gemachten Bedingungen eingieng. Es thut mir nun leid, Ihnen offenherzig gestehen zu müssen, daß ich, weit entfernt seit dem laufenden Jahre Erleichterung zu fühlen, mit dem Blatte noch viel mehr Mühe habe, und, wenn die Sachen auf diesem Fuß fortgesetzt würden, ich in der Zukunft für ein Institut sehr besorgt seyn müßte, das seit zwanzig Jahren sich in der Theilnahme des Publikums gleich hoch erhalten hat. Ein Hauptgrund davon mag seyn, daß Sie sich von den Pflichten und Geschäften eines Redacteurs keinen ganz richtigen Begriff gemacht zu haben scheinen; Sie nehmen Aufsätze, namentlich Correspondenzen, in der Integrität auf, wie sie Ihnen zugesendet werden, und bedenken nicht, daß in denselben sich manches findet, was gegen Schiklichkeit, Sprachgebrauch, sogar gegen den Menschenverstand verstößt; die Obliegenheit des Redacteurs ist es gerade Mängel dieser Art auszumerzen und dabei immer im Auge zu haben, daß die Rüksicht, die man dem Blatte schuldig ist, unbedingt über der steht, die man etwa dem Verfasser der Aufsätze schuldig seyn möchte. Ich muß Sie ernstlich bitten, diesen Vorstellungen Gehör zu geben, und ein vergleichender Blik auf ältere Nummern des Mblatts und die neueren, namentlich auf die Correspondenz, wird Sie von der Billigkeit dieser Bitte überzeugen. Wenn es keiner Sichtung und eigentlichen Revision und Verbesserung der eingesandten Artikel bedürfte, so bedürfte es so gut als keiner Redaction. Ich bin sehr geneigt das, was mich seit einiger Zeit sehr beunruhigt hat, dem Umstand zuzuschreiben, daß Sie sich zum Erstenmale mit einem Geschäfte der Art abgeben, ich nehme darauf auch Rüksicht, wenn von der Correctur die Rede ist, in der ich Ihnen aufs angelegenste größere Aufmerksamkeit empfehlen muß, weil durch Nachlässigkeiten dieser Art, abgesehen davon, daß das Blatt als solches darunter leidet, der Druk sehr gestört wird.

Ueber sich selbst zu urtheilen, ist der Mensch am wenigsten fähig, und so mögen Ihnen bisher Dinge entgangen seyn, die andern auffallen mußten, oft bedarf es aber nichts als freundlich aufmerksam zu machen, und ich hoffe, daß diese meine Bemerkungen, weit entfernt Sie zu beleidigen, blos die Wirkung haben werden, daß Sie das übernommene Geschäft aus einem andern Gesichtspunkt betrachten, und sich überzeugen, daß die Ehre des Blatts, das Sie leiten, mit der Ihrigen aufs genauste zusammenhängt.

[1]   Der Brief liegt nicht im Original vor, sondern in einer – möglicherweise unvollständigen – Abschrift, wie sie Cotta bei ihm wichtiger erscheinenden Angelegenheiten zuweilen anfertigen ließ. Sonderbar ist, daß diese Abschrift von Wilhelm Hauffs Bruder Hermann stammt, der mit Cotta wohl in einem losen Arbeitsverhältnis als eine Art Sekretär stand, dies allem Anschein nach aber erst seit Mai 1827. – Die Abschrift ist nicht tagesgenau datiert, doch wird man den Brief zeitlich auf jeden Fall vor Hauffs Brief vom 27. Februar einordnen.

14 | Wilhelm Hauff an die Cotta'sche Buchhandlung. [Stuttgart, 16. Februar 1827].[1]

Wohllöbliche / J. G. Cotta'sche Buchhandlung
bemerke ich in Antwort auf ihr heutiges[2] daß ich 10 Bogen von Siddons Amerika erhalten, solche zur Benüzung des 8$^{\underline{ten}}$ Capt. in die Drukerey geschikt, nach dem Druk aber nicht mehr zurükbekommen habe.[3]
    Mit Hochachtung / Dr. W. Hauff.

[1]   Das Datum ergibt sich durch den Eingangsvermerk der Cotta'schen Buchhandlung.

[2]   Der Brief hat sich nicht erhalten.

[3]   In der J. G. Cotta'schen Buchhandlung erschien 1827 unter dem Pseudonym C. Sidons das Erstlingswerk von Charles Sealsfield (1793–1864) *Die Vereinigten Staaten von Nordamerika nach ihrem politischen, religiösen und gesellschaftlichen Verhältnisse betrachtet*, woraus das *Morgenblatt*

Vorabdrucke brachte. Am 2. Februar (Nr. 29) hatte die Redaktion dazu angemerkt: »Der Verfasser dieser Skizzen schildert an einem andern Orte die Kentuckier als den rohesten Stamm unter den Bewohnern der nordamerikanischen Union. Wir werden ein ander Mal diese Schilderung mittheilen«. Das 8. Kapitel des 2. Bandes von Sidons *Amerika* enthält eben diese *Reise durch Kentucky und Indiana*, doch findet sich nichts davon im *Morgenblatt.*

15 | Wilhelm Hauff an die Cotta'sche Buchhandlung. [Stuttgart,] 21. Februar 1827.

Ewer Wohlgeboren
übersende anbey ein Manuscript das für das Morgenblatt unpaßend ist und von dem Verfaßer durch Buchhändler-Gelegenheit zurük verlangt wird.[1]
  Mit Hochachtung / Dr. W. Hauff.

[1] Verfasser und Manuskript waren nicht zu ermitteln. – Der Versand durch Buchhändler-Gelegenheit war deutlich langsamer als jener durch die Post.

16 | Wilhelm Hauff an Johann Friedrich Cotta. [Stuttgart, 22. Februar 1827].[1]

Hochwohlgeborner / Sehr verehrter Herr!
Mit Schreken sehe ich in dem Blatt das mir so eben zur Correctur geschikt wird, einen Brief von L. Robert »über ein weibliches Bildniß« abgedrukt[2] und diesen Artikel hatte ich doppelt durchstrichen mit der Bemerkung, daß er durchaus nicht für das M.blatt paße. Bitte, rechnen Sie diese unverzeihliche Nachläßigkeit des geschmacklosen Setzers nicht mir zu; wäre es möglich daß noch ein anderer Artikel gegeben würde, so würde ich

mit Vergnügen morgen in aller Frühe das Gesezte corrigiren. Dieser Artikel muß dem Blatt gewißlich schaden, daher meine Besorgniß, die mich nöthigt Sie noch so spät zu unterbrechen.

Mit ausgezeichneter Hochachtung / Ewer Hochwohlgeboren / ergebenster Diener / Dr. W. Hauff.

[ich bitte Dich, l. Sohn obiges zu prüfen u. zu entscheiden][3]

[1] Die Datierung ergibt sich aus dem Erscheinen des angesprochenen Artikels in der Nr. 48 vom 24. Februar sowie aus Hauffs Angebot, einen Ersatztext noch am nächsten Morgen zu korrigieren.

[2] Es handelt sich um eine Folge von Korrespondenzartikeln aus Berlin, denen laut Einsender, dem Schriftsteller, Diplomaten und langjährigen *Morgenblatt*-Mitarbeiter Ludwig Robert (1778–1832), wirkliche Briefe zugrundelagen. Der vorliegende, *Über ein weibliches Portrait*, stammt von Roberts Schwester Rahel Varnhagen (1771–1833) (auch abgedruckt in dem Gedenkband *Rahel. Ein Buch des Andenkens an ihre Freunde*, Berlin 1834, S. 251 ff. – vgl. Rahel Levin Varnhagen, *Briefwechsel mit Ludwig Robert*, hrsg. von Consolina Vigliero, München 2001, S. 473 ff.) – und beschreibt das Bildnis ihrer Schwägerin Friederike Robert (1795–1832) von Eduard Magnus (1799–1872), das 1826 in Paris gemalt und anschließend auf der Berliner Akademie-Ausstellung gezeigt worden war.

[3] Notiz Johann Friedrich Cottas für seinen Sohn Georg, der noch vor Kurzem das Blatt selbst redigiert hatte. Möglicherweise geht auf ihn folgende Fußnote zu dem gedruckten Artikel zurück: »Wir geben diese Ansicht, theils wegen ihrer Originalität, theils wegen ihrer lebendigen Anschaulichkeit. Inhalt sowohl als Form dieser Kritik sind total von dem unterschieden, was uns bisher über Porträt-Malerey vorkam. Ob es den Lesern so interessant seyn wird, als es uns zusagt, steht zu erwarten. Leichtlich hätten wir das Ganze durch einige gangbare Schul-Ausdrücke aufputzen können; aber wir haben uns gehütet, selbst Nachlässigkeiten des Styls auszufeilen, um nur ja die Eigenthümlichkeit, oder, wenn man will, die Eigenheit dieses kritischen Naturproduktes unangetastet wiederzugeben«.

17 | Wilhelm Hauff an Johann Friedrich Cotta. Stuttgart, 25. Februar 1827.

Ewer Hochwohlgeboren,

übersende ich anbey einen Plan, das Märzheft des Morgenblatts anzuordnen. Es wurde dabey hauptsächlich auch auf Benüzung älterer Uebersetzungen und lange vorräthiger Manuscripte Rüksicht genommen.

Meine Bitte geht nun dahin, daß Sie in diesem Verzeichniß diejenigen Gegenstände, welche Ihnen minder paßend erscheinen, anzeichnen möchten, damit dann die Uebrigen nach Wochen geordnet und dem Setzer übergeben werden können.

Mit ausgezeichneter Hochachtung / Ewer Hochwohlgeboren / ganz ergebener Diener / Dr. W. Hauff.

18 | Wilhelm Hauff an Johann Friedrich Cotta. Stuttgart, 27. Februar 1827.

Ewer Hochwohlgeboren

Haben mich gestern mit einer Zuschrift beehrt,[1] welche ich zu beantworten eile.

Es fällt Ihnen bey Durchsicht meiner Vorschläge für das MärzHeft auf 1.) daß der Auszug aus Segur jezt erst kommt? Der Anfang davon bestand in 1 ½ geschriebenen Seiten, ich schlug Ihnen vor die Fortsetzung abzuwarten; Sie genehmigten es; die Fortsetzung aber kam vor 4 Tagen.[2]

2) daß die Pambaz nicht dabey sind? Ich habe schon früher bemerkt daß eine Uebersetzung dieses Gegenstandes sich im Decemberheft des Freimüthigen findet, und glaubte nicht daß das Morgenblatt, bey dem grosen Reichthum seines Archiv's nöthig habe, Uebersetzungen die schon in einem anderen Blatt gedrukt sind, ebenfalls abzudruken; denn auf die innere Güte der Uebersetzung kommt es dann nimmer an.[3]

3.) Die Correspondenz von Hermann ist dißmal so gut als irgend eine Berliner Correspondenz jemals war. Nach seinen Briefen zu urtheilen scheint er von Ihnen Selbst zum Correspondieren aufgefordert worden zu seyn.[4]

4.) Von meiner eigenen Arbeit findet sich nichts in diesem Vorschlag, weil ich bis jezt nichts fertig habe. Auch würde ich eine solche Arbeit nicht in Vorschlag bringen, sondern sie zuerst Ihrer eigenen Einsicht übergeben haben.

5.) Ist Ihnen die Bemerkung das Weitere, nach Wochen getheilt, dem Setzer zu übergeben, ängstlich aufgefallen? Diese Aengstlichkeit über die Manuscripte für eine Woche, ist mir um so unbegreiflicher als bey meinem Antritt der Redaction der Setzer mit Manuscripten, auf ein ganzes Jahr beynahe, versehen war, wie aus einem Verzeichniß zu ersehen, das er mir über die, ihm zum Setzen übergebenen Manuscripte, entwarf. Leider fand ich mehr als die Hälfte davon unpaßend oder müßten sie völlig überarbeitet werden.

Einer unverzeihlichen Nachläßigkeit des Setzers mußte ich allerdings die erste Aufnahme des »weiblichen Portraits« zuschreiben, aus dem einfachen Grund, weil ich den ganzen Artikel mit der Bemerkung eingeklammert hatt, daß er nicht für das Blatt paße; es kann ja auch den Lesern des Morgenblatts durchaus gleichgültig seyn ob diese Frau gut gemalt »ob die Knochen und Haut dieses ›Thiermenschen‹ (sic!) gut getroffen waren.« Aber wie hätte ich mir denken können, daß man ohne mir, »dem angeblichen Redacteur dieses Blattes«, ein Wort davon zu sagen, meine Bemerkung ausgestrichen und den famösen Artikel dem Setzer übergeben habe? In sofern irrte ich also, daß ich den Fehler dem Setzer zuschrieb. Den Tag nachher, nachdem ich geglaubt dieser Artikel werde auf immer vergeßen seyn, zeigte mir der Setzer einen Brief des Herrn George v. Cotta, worinn ihm befohlen wird diesen Artikel nicht umzuwerfen, sondern zu weiterem Gebrauch stehen zu laßen. Sie sind der Eigenthümer des Blattes und da Sie meine gutgemeinte Bemerkung gestrichen, und den Artikel aufgenommen haben, so sah ich keinen Grund ein, mich noch einmal fruchtlos gegen die Aufnahme zu setzen. Daß Sie in der Aufnahme dieses Artikels nichts geschmakloses finden, beweißt den alten Satz, daß man über GeschmaksSachen nicht streiten müße; auch zweifle ich nicht, daß Sie der Verfaßer noch recht oft mit Schilderungen von dieser Person erfreuen kann, denn es müßte mich alles trügen, oder es ist dieselbe, welche ich in der Gallerie der Mde. Valentin in Paris habe mahlen sehen; gegenwärtig aber lebt sie in Carlsruhe, bey ihrem zweiten Gatten, dem Dr. L. Robert.[5]

Dieser Vorfall hat Ihre »aus früheren Vorfällen begründete Sorge vermehrt«, Sie haben seit zwei Monaten mehr Anfechtungen gehabt als früher in vielen Jahren und müßen (solange die Sache unter meiner Führung steht,) »täglich das M.blatt bewachen.«

Wer das Morgenblatt früher, besonders aber in dem lezten Jahre gelesen hat, wird diesen Satz nur Ihnen Selbst glauben. Wahr ist es, daß die lezten Jahrgänge nicht gerade von sehr großer Aengstlichkeit, Sorgfalt und literarischer Umsicht zeugen, aber sollte Ihnen diß nicht auch einigen Kummer verursacht haben, oder sind die zahlreichen Fehler die ich gemacht haben soll, so überwiegend, daß man frühere Verstöße darüber vergeßen kann? Es muß so seyn, denn ich hege in Ihre Redlichkeit zu großes Vertrauen, als daß ich daran zweifeln sollte; wird es mir ja durch einen späteren Satz aufs Klarste bewiesen: »wir können, wenn ich mehr auf mich genommen haben sollte, als mir zu leisten möglich, leicht auf eine andere Art helfen.« Ich glaube diß auch, glaube auch daß das Mittel leicht gefunden werden kann die Sache zu ändern (und ich habe es schon gefunden) ob es aber helfen wird – möchte denn doch die Frage seyn.

Sie Selbst fordern mich auf, mit gleicher »Offenheit« zu antworten und ich will es versuchen. Ich habe die Redaction des Morgenblatts mit großem Vertrauen übernommen; ich machte mir die schöne, täuschende Hoffnung daß ich dieses Blatt wirklich und der That nach redigiren werde; Sie Selbst nöthigten mich zu diesem schönen Glauben; denn wahrlich hätten Sie mir gesagt, wie eigentlich mein Amt beschaffen sey, daß meine

Anordnungen, meine Vorschläge, meine Stimme gar nichts gelten sollte, würde ich nie diese Verbindung eingegangen haben. Sie ordnen an, was ich ausgestrichen, Sie streichen aus was ich für Gut erklärt habe, und ich finde diß auch ganz natürlich, da Sie der Stifter und Eigenthümer dieses Blattes sind; nur kann ich bey diesem Verfahren nicht einsehen, warum und wozu Sie noch einen eigenen Redacteur besolden, wenn Sie ihm aus beleidigendem Mißtrauen die Leitung nicht ganz übergeben. Sie fanden vor einiger Zeit einen Artikel aus Rom[6] langweilig; er mußte – von fremder Hand – bearbeitet, beschnitten werden. ich – und nach mir das hiesige literarische Publicum, fand einen Artikel aus Berlin nicht nur langweilig, sondern auch ungründlich, verworren und schlecht gearbeitet;[7] ich kürzte ihn ab und Sie – ließen ihn nach seiner ganzen Breite druken. Mein Name ist nicht unbekannt in Teutschland; mehrere öffentliche Blättter haben ihr Vergnügen ausgesprochen das Mblatt in meiner Hand zu sehen,[8] mir kann es also durchaus nicht gleichgültig seyn, ob hinter meinem Rüken gedrukt wird, was ich als untauglich verworfen habe. Können Sie wohl dieses Verfahren gegen mich billig nennen? Eine langjährige Erfahrung hat Sie MenschenKenntniß gelehrt und in unglaublich kurzer Zeit haben Sie eingesehen daß ich zum Redacteur nicht tauge. Ich fühle selbst, daß ich zum Redacteur in Ihrem Sinne nicht paße, daß mich diese unseeligen Verhältniße ängstlich, muthlos, verdroßen machen. Ich will Ihnen nicht vorwerfen daß Sie wohl hätten voraus wißen können, daß Sie die Redaction des Morgenblattes mir nie völlig übergeben würden, daß Sie mich, indem Sie mir die Sache in einem schöneren Lichte zeigten, von anderen Verbindungen hinwegführten, die jezt unwiederbringlich für mich verloren sind. Sie meinten es vielleicht gut mit mir. Auf der andern Seite werden Sie es aber nicht übel nehmen, wenn ich Ihnen behülflich bin »der Sache auf andere Art zu helfen.«

Nicht etwa als ein muthloser, als hätte ich mehr auf mich genommen als mir zu leisten möglich ist; ich fühle mit Stolz das ich einer solchen Sache doch gewachsen bin, aber ich trete zurük mit Erröthen, aus persönlicher Ehrfurcht und Gutmüthigkeit, eine solche

Behandlung so lange geduldet zu haben. Ich höre vom 1ten März an auf Redacteur des Morgenblatts zu seyn. Mögen Sie, wenn Sie Sich wieder einen Gehülfen suchen, in Ihrer Wahl glüklicher seyn, mögen Sie, wenn es ein Mann von einigem literarischen Rufe ist, nie die Gränzen einer würdigen Behandlung vergeßen. Mit den besten Wünschen für Ihre Ruhe und Ihr Wohl

Ewer Hochwohlgeboren / ganz ergebener Diener / Dr. Wilhelm Hauff.

[1] Der Brief ist nicht erhalten.

[2] Gemeint ist der Beitrag *Reise der Kaiserin Katharina II. nach Taurien*, übersetzt aus den *Mémoires ou souvenirs et anecdotes* (1824/26) des Grafen Louis-Philippe de Ségur (1753–1830), früherer französischer Gesandter am russischen Hof. (Nr. 60–66 und 71–73 vom 10. bis 17. und 23. bis 26. März 1827) Die Übersetzung stammt von dem in Paris lebenden Studienfreund Cottas Henri Knapp (1764–1830); das gesamte Werk, allerdings in der Übertragung von »O. v. W.«, erschien 1825/27 bei Franckh in Stuttgart. (Vgl. auch Brief Nr. 64).

[3] Gemeint ist das Werk des britischen Offiziers Francis Bond Head (1793–1875) *Rough notes taken during some rapid journeys across the Pampas and among the Andes*, London 1826. Das *Morgenblatt* hatte daraus in den Nrn. 285–288 und 294–296 vom 29. November bis 12. Dezember 1826 unter dem Titel *Flüchtige Bemerkungen, gesammelt auf einigen Durchflügen durch die Pampas und Anden* Auszüge in der Übersetzung von Sophie von Viaris-Maltzahn gebracht. Der Berliner *Freimüthige* folgte unmittelbar darauf, indem er vom 11. Dezember 1826 an (Nr. 246 ff.) unter der Überschrift *Die Pampas* gleichfalls Auszüge aus dem Reisebericht veröffentlichte. Das *Morgenblatt* setzte seine Folge nach längerer Unterbrechung am 22. Juni 1827 fort (Nrn. 149–150, 154–156, 160–161, 169–171 und 186–187) bis zum 6. August.

[4] Offenbar lag ein Korrespondenzbericht aus Berlin von Heinrich Hermann vor, der unter dem Pseudonym Ernst Woldemar publizierte und seit 1822 regelmäßig für das *Morgenblatt* schrieb. 1827 erschien dann dort kein Beitrag mehr von ihm.

[5] Die aus Böblingen stammende Friederike Robert galt als eine der schönsten Frauen ihrer Zeit – Heinrich
    Heine etwa umschwärmte sie und widmete ihr mehrere Gedichte –, allerdings hatte sie eine zweifelhafte
    Vergangenheit, worauf Hauff hier offenbar anspielt. Friederike Braun wurde als 17-jährige an einen
    reisenden italienischen Kaufmann namens Primavesi verheiratet, der sie dann auf Märkten und Messen
    zur Schau stellte und aus materieller Not wohl auch zur Prostitution zwang. 1818 begegnete ihr Ludwig
    Robert und heiratete sie vier Jahre später, nachdem sie sich von ihrem ersten Mann hatte scheiden
    lassen. – Wilhelm Hauff erwähnt während seines Paris-Aufenthalts auch Begegnungen mit Ludwig
    Robert; vermutlich lernte er dort auch dessen Frau kennen.

[6] Gemeint sind entweder die Korrespondenzberichte von Georg Ludwig Peter Sievers (1775–1830) –
    Nr. 17–18 vom 19. und 20. Januar bzw. Nr. 29–42 vom 2. bis 6. Februar 1827 – oder der Beitrag
    von Adolf Weissenburg (1790–1840) *Bericht über die neuesten Ueberschwemmungen des Anio
    bey Tivoli, und die daraus erfolgte Zerstörung eines Theils der Stadt* (Nr. 39–44 vom 14. bis
    20. Februar 1827).

[7] Gemeint ist ein Korrespondenzbericht aus Berlin von Eduard Gans (1798–1839) – Nr. 39–42 vom
    14. bis 17. Februar 1827 –, der sich allerdings in den Nrn. 52–56 vom 1. bis 6. März fortsetzen sollte.

[8] Solche Äußerungen etwa von Karl Winkler oder Willibald Alexis findet sich in Hauffs privater Korres-
    pondenz; entsprechende öffentliche Meldungen sind jedoch bisher nicht nachgewiesen.

18a | Hermann Hauff an Johann Friedrich Cotta. Stuttgart, 28. Februar 1827.

Ew. Hochwohlgeboren

werden nach meinen bisherigen Äußerungen überzeugt seyn, daß das Resultat der
Correspondenz zwischen Ihnen und meinem Bruder, das ich erst heute erfuhr, mich
nicht sehr in Erstaunen setzte. Allerdings hatte ich es schon lange als nothwendig
vorausgesehen: es stand mir aber nicht zu dasselbe weder von Seiten Ew. Hochwohl-

geboren, noch von Seiten meines Bruders herbeizuführen. Das Benehmen meines Bruders wird Ihnen, der Sie schon so vielfältig mit Schriftstellern umgegangen sind, erklärlicher seyn als Andern, z. B. mir, der ich blos vom Hörensagen weiß, daß diese Leute nicht immer thun, was andere Leute thun.

Sollten Ihnen, bis Sie über fernere Redaktion des Mblatts Ihre Verfügungen getroffen haben, in weiterer oder engerer Ausdehnung meine Dienste dazu erwünscht seyn, so bitte ich Ew. Hochwohlgeboren ohne Umstände über mich zu verfügen, indem ich völlig Herr meiner Zeit bin: wenn ich gleich erst seit Kurzem die Ehre habe mit Ihnen bekannt zu seyn, so wird Sie auch in dieser kurzen Bekanntschaft Ihr Scharfsinn gelehrt haben, ob und in wie weit ich Ihnen nützlich werden kann. Ich würde Sie nicht schriftlich belästigt, sondern es auf mündliche Besprechung erspart haben, wenn nicht das Mblatt diesen Abend korrigirt werden müßte,

Ich bin mit vollkommener Hochachtung / Ew. Hochwohlgeboren / ergebenster / Dr. Hermann Hauff.[1]

[1] In der Forschung (Sabine Peek, »Cottas *Morgenblatt für gebildete Stände*. Seine Entwicklung und Bedeutung unter der Redaktion der Brüder Hauff (1827–1865)«, in: *Archiv für Geschichte des Buchwesens* 6 [1966]) wurde die These vertreten, dass Hermann Hauff seinem Bruder Wilhelm mit diesem Brief heimtückisch in den Rücken gefallen sei. Mir scheint es sich eher um eine gemeinsame Strategie der beiden Brüder zu handeln, die ja von Anfang an, von einer gemeinschaftlichen Übernahme des *Morgenblatts* ausgegangen waren, so wie Hermann Wilhelm auch bei der Redaktion von dessen Werken hilfreich zur Hand ging. In seinem Brief an Hermann vom 26. August 1826 hatte Wilhelm geschrieben: »Freilich will der arme Teufel von Frank seinen Nachbar in der Königsstraße überall copiren, und eine Periodische Zeitschrift ins Leben treten laßen. Im ganzen genommen, glaube ich, daß es jezt an der Zeit wäre mit einem guten, im Geiste des französ. Globe geschriebenen Blatt das Literatur und Sitten auf eine eigene piquante Manier behandelt, furore zu machen. Aber wenn wir das Morgenblatt

bekommen können, sind wir nicht die Narren es auszuschlagen, denn es ist ein ganz anderes Ding ein Blatt zu führen als es zu gründen. Doch in dieser Beziehung möchte ich mit Fr. Frankh nicht ganz brechen. Denn wenn Cotta mir, d. h. uns das Blatt nicht giebt, könnten wir immer etwas Schönes machen.« (Wilhelm Hauff, *Werke*, hrsg. von Hermann Engelhard, Bd. 2, Stuttgart 1962, S. 869.) Wilhelm Hauff hatte seinen Bruder, der wohl schon mündlich wegen einer Anstellung bei Cotta vorgefühlt hatte, wie aus einem Brief Luise Hauffs vom 10. Januar 1827 hervorgeht (Karl Stenzel, *Neues aus Wilhelm Hauffs Lebenskreis*, Stuttgart 1938. S. 54), zunächst als Mitarbeiter ins Blatt gebracht – ein erster Beitrag von ihm steht gleich in der zweiten Nummer – nun, nach Wilhelms Kündigung zum 1. März bot sich Hermann am letzten Februartag an, das *Morgenblatt* zumindest provisorisch weiterzuführen.

19 | Wilhelm Hauff an Johann Friedrich Cotta. Stuttgart, 2. März 1827.

Ewer Hochwohlgeboren
verehrtes Schreiben von heute gibt mir einen neuen, schmerzlichen Beweis, daß selbst redliche und treffliche Menschen sich bey ihrer Handlungsweise nicht in die Lage derjenigen zu versetzen vermögen, welche solche betrifft; denn ich glaube nicht, daß, wenn Sie die Gefühle, welche frühere Vorfälle und Ihr lezter Brief in mir erregen mußten, bedachten, die Art und Weise Sie befremdet hätte, womit ich Ihre Andeutungen für eine vollständige Erklärung nahm. Ich bin ein junger und unbemittelter Mensch, die Ruhe und die Unbefangenheit welche lange Erfahrung und Wohlstand geben, gehen mir ab. Auf der anderen Seite habe ich das Vertrauen, mich durch die Welt zu schlagen und die Zuversicht in mir, daß dem Muthigen gelingt wornach er mit Kraft und Würde strebt. Diß alles bewirkt, daß ich muthig, unverdroßen, mit Lust eine, selbst schwierige Arbeit unternehme, daß mich aber Mißtrauen tiefer kränkt als manchen andern, u. ängstlich und verdroßen macht.

48

Wenn Sie aus diesem Gesichtspunkt, nicht aber aus Ihrer, um so viel höheren und ruhigeren Stellung mein Benehmen betrachten, werden Sie es weniger befremdend finden, werden der Eitelkeit oder dem Mangel an Selbstkenntniß nicht zuschreiben, was nur Folge davon war, daß Sie mich und die Umstände nicht genug erwogen.

Sie rufen meine Mutter und meinen Bruder zu Zeugen auf, daß Sie die Absicht gehabt haben, mich einiger Dinge zu entheben, zu welchen ich vielleicht minderes Geschik habe. Sie sagen sogar, Sie haben diß mir mit der größten Herzlichkeit geäußert. Glauben Sie mir, sehr verehrter Herr! ich habe nie irgend einen Beweis Ihres gütigen Wohlwollens gegen mich vergeßen, und meinem Gedächtniß müßte wahrhaftig diese Äußerung nicht fremd seyn; aber weder meine Mutter noch mein Bruder haben mir von einem solchen Vorschlag gesagt und waren auch sicherlich nicht von Ihnen hiezu beauftragt. Sie Selbst aber sagen in Ihrem Schreiben nur: »wenn Sie sich vielleicht mehr zugetraut hätten, als Ihnen zu leisten möglich ist, so können wir leichter der Sache abhelfen, als uns mit Hoffnungen hinhalten etc.« Daß ich, ohne über Ihre eigentliche Willensmeinung unterrichtet zu seyn, nicht anders denken konnte, als Sie wünschen: »um nicht immer das Mblatt hüten zu müßen«, mich der Sache gänzlich zu entheben wird wohl keiner weiteren Versicherung bedürfen.[1]

Da Sie aber in ihrem ersten Schreiben, Ihrer Ruhe und anderer Geschäfte willen, eine Veränderung bald zu wünschen schienen, habe ich nicht so unbescheiden seyn wollen, Sie daran zu erinnern, daß man einen, wenn auch nur mündlich gemachten Accord, nicht so schnell aufhebt, sondern war der vollkommenen Ueberzeugung, ich werde Sie noch verbinden, wenn ich das Blatt so bald als möglich zu Ihrer Verfügung stelle.

Sie sehen aber hierinn nur die Eitelkeit, die mich verleitete »ohne weiteres aufzukünden, vergeßend aller Verbindlichkeit die ich übernommen«. Wenn ich ein einzelner, unabhängiger Mann wäre, könnte mich ein solches Gefühl vielleicht von einer beßeren Ueberzeugung abführen; doch das Verhältniß in welchem ich jezt stehe, die Pflichten die ich als Gatte übernommen, machen mir das Leben zu ernst, um mich der Eitelkeit und dem Zufall hinzugeben.[2] Hätten Sie einen kurzen Augenblick an diesen Umstand gedacht, so wären Sie wohl überzeugt gewesen, daß ich diesen, für meine Verhältniße nicht gerade unwichtigen Schritt, gewiß nicht in der Hitze ir[gend] einer Leidenschaft, sondern besonnen und mit Ueberlegung gethan habe.

Es würde mich übrigens schmerzen, wenn Sie glauben könnten daß diese Vorfälle die Erinnerung an Grosmuth und Uneigennüzigkeit welche Sie mir bewiesen, die Anhänglichkeit an Ihr verehrtes Haus und jene ausgezeichnete Hochachtung haben verlöschen können, womit ich immer seyn werde

Ewer Hochwohlgeboren / ganz ergebener Diener / Dr. Wilhelm Hauff.

[1] Die Differenzen, die zu Hauffs Kündigung geführt hatten, wurden nach Cottas Vorschlag dadurch beigelegt, daß er als Redakteur von der täglichen Korrektur des Blattes befreit wurde, die künftig sein Bruder Hermann und Georg von Cotta übernahmen.

[2] Hauff hatte am 13. Februar geheiratet.

20 | Wilhelm Hauff an die Cotta'sche Buchhandlung. [Stuttgart,] 8. März 1827.

Verehrliche J. G. Cotta'sche Buchhandlung!
Profeßor Follen in Arau, hat sich für den Aufsatz Hn. Pestalozzis Tod etc. in No 58. des MB. 4 Abdrüke dieser Nummer ausbedungen.[1] Sollte diß der Handlung noch nicht angezeigt worden seyn, so ersuche ich Sie, diese Blätter dem H. P. Follen bald zu übermachen.

Ergebenster / Dr. W. Hauff.

[1] In Nr. 58 des *Morgenblatts* vom 8. März 1827 steht ein mit Chiffre gezeichneter Beitrag *Heinrich Pestalozzi's Tod und Begräbniß*, der von dem in Deutschland als Demagoge verfolgten früheren Burschenschaftler und nun als Professor in Aarau lebenden August Follen (1794–1855) stammt. Der Pädagoge Johann Heinrich Pestalozzi (1746–1827), dessen Werke auch in der J. G. Cotta'schen Buchhandlung erschienen, war am 17. Februar gestorben.

21 | Wilhelm Hauff an Johann Friedrich Cotta. Stuttgart, 21. März 1827.

Ewer Hochwohlgeboren,
übersende ich anbey den unmasgeblichen Plan für die nächste Woche. Ich habe noch einen zweiten beygelegt, der vielleicht mehr Abwechslung enthält, die dadurch gewonnen wird daß man die Erzählung von Fanny Tarnow zweimal ausfallen läßt und dafür andere Aufsätze einschiebt;[1]

Mit Vergnügen sehe ich einer Stunde entgegen, worinn es Ihnen vielleicht angenehm ist, mich über Ihre Wahl zu belehren.

Mit der ausgezeichnetsten Hochachtung / Ewer Hochwohlgeboren / ganz ergebener Diener / Dr. W. Hauff

[1] Die Erzählung *Die Hüttte am Senegal oder Leiden der Familie Picard* der Schriftstellerin Fanny Tarnow (1779–1862) begann in der Nr. 70 des *Morgenblatts* vom 22. März 1827 und lief mit Ausnahme der Nrn. 73, 81 und 88 durch bis Nr. 92 vom 17. April.

22 | Wilhelm Hauff an die Cotta'sche Buchhandlung. [Stuttgart,] 22. März 1827.

Ewer Wohlgeboren
ersuche ich beyfolgende Mscte die für das Morgenblatt unbrauchbar gefunden wurden,
an die angezeigten Orte zurükzusenden.

G. Harrys[1] in Hannover wünscht seine Aufsätze auf der Post

Präc. Oechsle[2] in Oehringen mit der fahrenden Post zurük.

Die übrigen können wohl mit Buchhändl. Gelegenheit gehen.

Mit vollkommener Hochachtung / Dr. W. Hauff.

[1] Der Hannoveraner Journalist und Schriftsteller Georg Harrys (1780–1838), der seit 1826 für das
Morgenblatt schrieb. 1830 sollte er den Geiger Niccolò Paganini (1782–1840) auf einer Tournee
begleiten, was ihm eine Erwähnung in Heines *Wintermärchen* eintrug.

[2] Ferdinand Friedrich Oechsle (1797–1845), damals Lehrer am Gymnasium in Oehringen, trat später als
Historiker und Archivar in Erscheinung.

23 | Wilhelm Hauff an Johann Friedrich Cotta. [Stuttgart,] 24. März 1827.

Hochwohlgeborner / Sehr verehrter Herr!
Heute Vormittag war ein mir sonst unbekannter Mann bey mir, der sich Präceptor
Oechsle von Oehringen nennt. Er trug mir folgendes vor: »Er habe einen Brief von Paris
erhalten, worinn eine paris. Buchhandlung sich anbietet das Werk des Generals Foi,
über den Krieg in Spanien etc, deßen Prospectus den 28ᵗ März ausgegeben werde, nach
Aushängebogen zu überschiken, den Bogen gegen ein Honorar von 30 Franken. Er will
nun dieses Werk übersetzen (er hat früher in Heilbronn einiges übersezt) und fragte

mich ob ich ihm keinen Verleger schaffen könne, der das Honorar für die Aushängebogen und ihm selbst etwa 8–9 f per Bogen für die Uebersetzung bezahle, dafür werde sich
dann die Pariser Handlung anheischig machen, das Werk nur ihm bogenweise zu geben,
er selbst aber es getreu übersetzen. Da ein solches Werk von General Foi von Intereße
ist, so benachrichtige ich Sie hievon, mit der Anfrage ob Sie vielleicht unter diesen
Bedingungen selbst die Herausgabe übernehmen möchten.[1] Dieser Präceptor Oechsle,
der im Grosfürsten[2] logirt und den Pariser Brief bey sich trägt, will übrigens nur bis
heute Nacht hier bleiben, und heute noch mit irgend Jemand abschließen. Sollten Sie
Lust haben ihn selbst zu sprechen, so wird er sich unendlich glüklich fühlen, sollten
Sie die Sache hinausschieben wollen, so kann ich ihm zu wissen thun, daß Sie brieflich
mit ihm verhandeln wollen. Indem ich mein Vergnügen ausdrüke mit Benachrichtigung
dieser Sache Sie vielleicht erfreut zu haben, bin ich mit der ausgezeichnetsten Hochachtung

Ewer Hochwohlgeboren / ganz ergebener Diener / Dr. W. Hauff.

[1] 1827 erschien in Paris postum die *Histoire de la Guerre de la Peninsule sous Napoléon* des
Generals Maximilien Sébastien Foy (1775–1825). Eine deutsche Übersetzung (*Geschichte des Krieges
auf der pyrenäischen Halbinsel unter Napoleon*) kam noch im gleichen Jahr bei Hauffs Hausverlag
Franckh heraus; möglicherweise handelt es sich bei dem ungenannten Übersetzer um Oechsle. –
Hauffs positives Napoleon-Bild war zweifellos durch den Freiherrn von Hügel, einem entschiedenen
Bonapartisten, geprägt, was sich in seiner Novelle *Das Bild des Kaisers* niederschlägt. Im Cotta'schen
Verlag waren in den 20er-Jahren eine Reihe napoleonischer Memorialschriften von diversen Getreuen
des Kaisers erschienen, den »Evangelisten des weltlichen Heilands«, wie Heine sich nur halb ironisch
ausdrückte, sodass die Empfehlung Hauffs von beiden Seiten begründet erscheint. Ob Cotta ihr gefolgt
ist, bleibt unklar; zwar gibt es einen – offenbar von Hermann Hauff übersetzten – auszugsweisen
Vorabdruck im *Morgenblatt,* und in diversen Zeitschriften finden sich Ankündigungen vom 12. April,

wonach die Cotta'sche Buchhandlung beabsichtige, eine Übersetzung der *Manuscrits laissés par le Général Foy* herauszubringen, doch unterblieb dies letztlich.

[2] Traditionsreiches Gasthaus am Stuttgarter Marktplatz.

24 | Wilhelm Hauff an Johann Friedrich Cotta. Stuttgart, 1. April 1827.

Hochwohlgeborner, / Sehr verehrter Herr!

Sie haben als Sie Sich gegen Ende Decb. vorigen Jahres über die Redaction des Morgenblatts mit mir besprachen, gewünscht daß ich zum Schluß jedes Quartals meine Rechnung einschike. Ich nehme mir daher in Beziehung auf diesen Wunsch die Freiheit, eine solche Berechnung einzuschiken. Da ich kein Morgenblatt Exemplar von meiner Erzählung besitze, so habe ich nur die Berechnung per Bogen angesezt. Die Zahl der Bogen ist mir unbekannt. Bey der Berechnung des Honorars für die Redaction, habe ich die Summe angesezt, welche Sie damals, auf meinen Vorschlag, gut geheißen und bestimmt haben. Sie haben vor einiger Zeit eine Aenderung in diesem Honorar Verhältniß gewünscht, indem Sie mich der täglichen Correctur des Blattes enthoben; ich sehe daher beym Beginn dieses Quartals einer näheren Bestimmung entgegen.

Anbey folgt eine Arbeit, die, wenn Sie Ihre Genehmigung erhält, für das Morgenblatt bereit ist; doch bitte ich diesen Aufsatz als eingeschiktes Manuscript, wie jedes andere, zu betrachten und auf den Verfaßer keine Rüksicht zu nehmen.[1] Eine größere Erzählung einzureichen, ist mir in diesem Augenblick unmöglich, da ich fortwährend mit einer Novelle für Ihren Almanach beschäftigt bin,[2] und bey meinen übrigen Geschäften nur langsam arbeiten kann.

Mit ausgezeichnetster Hochachtung und Verehrung / Ewer Hochwohlgeboren / ergebenster Diener. / Dr. Wilhelm Hauff.

Für die Erzählung »Die Bettlerin vom Pont des arts«
(nach meinem beygelegten Brief aus Berlin) per Bogen 25 Thal. sächs. -----------?

[206.43]

Für Redaction des Morgenblatts. Januar. Februar. März. –   350 f

[f 556.43.][3]

[1]   Es handelt sich um die Skizze *Die Bücher und die Lesewelt*, die in den Nrn. 85–90 des *Morgenblatts* vom 9. bis 14. April 1827 erschien.

[2]   Die Novelle *Das Bild des Kaisers*.

[3]   Die Zahlen in Klammern sind von der Hand Cottas hinzugefügt.

25 | Wilhelm Hauff an Johann Friedrich Cotta. Stuttgart, 3. April 1827.

Hochwohlgeborner / Sehr verehrter Herr!
Für die gütigst überschikten 556 f sage ich meinen verbindlichsten Dank. Was das Honorar meiner Erzählung betrifft, so bleibt es bey dem was ich darüber von Berlin aus geschrieben habe, als ich Ihnen die Erzählung anbot; da ich, wie ich jezt erst einsehe, 20 Thl. angesezt hatte, so ist es natürlich daß jezt auch 20 Thaler berechnet werden.[1]

   Da Sie wünschen, ich möchte zur Bestimmung der künftigen Honorar Verhältniße, selbst einen Vorschlag machen, so folgt er hier; mein bisheriges Honorar war 1400 f, dabey hatte ich in Rüksicht auf mein Verhältniß zum Blatt, meine etwaigen Beytrage den Bogen zu 4 Louisd'or bestimmt, obgleich sie mir sonst bey kleinem Taschenformat mit 5–6 Louisd'or für 16 Seiten honorirt werden. Nach Ihrem Wunsche trat ich die tägliche Correctur ab. Zwei Männer die mein vollkommenstes Vertrauen besitzen, Herr George v. Cotta und mein Bruder sind dafür an meine Stelle getreten. Ich habe zwar hin und wieder Aenderungen und Textverbeßerungen gefunden, die sich nicht gerade als richtiger darstellten, doch war ich bis jezt mit der Genauigkeit, womit die Correctur vorgenommen wird, vollkommen zufrieden. Es ist natürlich daß ich für diß Geschäft das mir abgenommen wurde, auch einen Theil deßen, was ich mir für das Ganze ausbedungen, abtrete.

Obgleich ich noch immer das Morgenblatt durchgehe, da man weiß daß es unter meiner Leitung oder Mitwirkung erscheint, so will ich doch bey Bestimmung meines ferneren Gehaltes davon absehen. Ich glaube redlich und mit Rüksicht auf die Zeitauf-opferung meines Bruders zu handeln, wenn ich Ihnen von meinem bisherigen Gehalt f 300 – dreihundert Gulden, für das Jahr, wieder anheimstelle. Seine Entschädigung für das verfloßene Vierteljahr werde ich besorgen. Mein Honorar würde folglich für das Vierteljahr 275 zweihundert sieben fünf Gulden betragen.

Was meine Beiträge für das Morgenblatt betrifft so kann ich mich nicht dazu ent-schließen eine jährliche Summe von Bogen zu liefern; ich werde wie bisher Novellen, Scizzen, Bilder, Erzählungen etc die ich für Tageblätter bestimmt habe, Ihnen zuerst und vor Allen vorlegen. Wollen Sie dann für das M.Blatt davon Gebrauch machen, so werde ich mich dadurch geehrt fühlen. Uebrigens kann ich bey Verminderung meines Gehaltes meine Arbeiten nur noch in diesem Jahre für den Preis von 4 Louisd'or über-laßen. Versprechen kann ich, wenn Sie etwa dieses wünschen, daß ich in jedem Jahr mindestens zwei größere Beiträge zum M.Blatt liefern will. Für Einleitungen in fremde Erzählungen, nachträgliche Bemerkungen u.s.w. nehme ich kein Honorar an, sondern betrachte diese Mühe als mit der Redaction verbunden.

Sie haben vor einiger Zeit auch den Wunsch ausgesprochen über das Taschenbuch für Damen Einiges zu vernehmen. Da ich es mir zum Vergnügen rechne, Ihnen durch Leitung desselben, Einladung und Besprechung mit Mitarbeitern u.s.w. einige Mühe abgenommen zu haben, so kann von einer Redaction dieses Taschenbuchs in pecuniärer

Rüksicht keine Rede seyn, und ich wünsche nur daß Ihre Zufriedenheit mit meiner
Anordnung dem Eifer gleichen möge, mit welchem ich diese[s] Taschenbuch wieder ins
Leben zu rufen bemüht bin. Ich werde einen erzählenden Beitrag (eine Novelle: »Das
Bild des Kaisers«) dazu geben; das Honorar dafür überlaße ich Ihnen zu bestimmen.
Als übrige Mitarbeiter haben im erzählenden Fach W. Alexis und G. Döring zugesagt; von
lezterem ist schon eine recht gute Erzählung eingegangen.[2] Von ersterem habe ich das
Versprechen auf die ersten Wochen dieses Monats. Von Poesien werden G. Schwab und
W. Müller Beiträge geben. (Lezterer gab noch keine bestimmte Antwort.)[3] Nun wage
ich aber im Namen dieses Almanachs eine Bitte. Sie haben mir eine Erzählung von Mch
Beer zur Durchsicht überschikt. Sie ist in hohem Grade gelungen zu nennen; aber da
sie beynahe beständig über den jezigen Standpunkt der Malerey reflectirt, so würde
die schöne Consequenz dieser Reflexionen in einem Blatt, das sie nothwendig in kleine
Stüke theilen muß, verlieren. Bitte nun inständig diese Novelle dem Almanach zu
überlaßen, den sie gewiß in hohem Grade schmüken wird. Sie ist ein Edelstein, der in
einen kleinen Rahmen gefaßt köstlich leuchtet, aber zerschlagen – seine schönsten
Strahlen verliert.[4] – Könnte nicht am Schluß dieses Monats mit dem Druk des Almanachs
angefangen werden? Man muß heutzu Tage frühe auf den Markt kommen, besonders
wenn man nach geraumer Zeit zum erstenmal wieder erscheint.

Haben Sie über Titel und Umschlag schon Anordnung getroffen, wie Sie vor einem
Monat gesonnen waren? Oder wollen Sic, wenn es noch nicht geschehen konnte, mir
diese Anordnung übertragen, damit ich von meiner Seite mit Prof. Schorn[5] darüber mich
berathe?

Ich stelle diese Fragen damit Sie, wenn ich etwa morgen die Ehre haben kann, Sie zu
sehen, mir die nöthige Weisung ertheilen können.

Mit ausgezeichnetster Hochachtung / Ewer Hochwohlgeboren / ergebenster Diener /
Dr. W. Hauff

¹ Offenbar hatte Cotta Hauffs Irrtum (25 Taler pro Bogen statt 20) bemerkt und korrigiert.

² Die Novelle *Die Neugierigen*.

³ Gustav Schwab ist im *Taschenbuch für Damen auf das Jahr 1828* mit der Übersetzung eines Gedichts von Casimir Delavigne (1793 – 1843) vertreten; von Wilhelm Müller findet sich kein Beitrag.

⁴ Es handelt sich um die Novelle *Raphaels Schatten. Aus den Papieren eines großen Malers. Geboren 1802, gestorben 1890* von Michael Beer (1800 – 1833), dem Bruder des Komponisten Giacomo Meyerbeer (1791 – 1864). Beer verwahrte sich gegenüber Cottas auf Hauff zurückgehenden Vorschlag, seine Novelle im *Taschenbuch für Damen* erscheinen zu lassen. Sie kam noch im gleichen Jahr in der J. G. Cotta'schen Buchhandlung als selbständige Publikation heraus, allerdings anonym, nachdem der Autor zwischendurch ihr Erscheinen auf Wunsch einer »der höchsten Personen des preußischen Königshauses« (an Cotta, 29. 7. 1827) ganz hatte verhindern wollen.

⁵ Der Kunsthistoriker Ludwig Schorn (1793 – 1842) war seit 1820 Redakteur des *Kunst-Blatts*, einer regelmäßigen Beilage zum *Morgenblatt*. Hauff hatte schon früh den Kontakt zu ihm gesucht – ebenso wie zu Wolfgang Menzel, dem designierten Redakteur der anderen Beilage, des *Literatur-Blatts*. Unmittelbar nach Hauffs Amtsantritt meldete sich der in München lebende Schorn bei Hauff mit der Bitte, die Korrektur und die Anordnung der Beiträge im *Kunst-Blatt* zu übernehmen. Hauff sagte dies zu und bat im Gegenzug um Schorns Rat bei der künstlerischen Ausstattung des *Taschenbuchs für Damen*.

26 | Wilhelm Hauff an die Cotta'sche Buchhandlung. [Stuttgart, 3. April 1827]. ¹

Bey einer verehrlichen Cotta'schen Buchhandlung
frage ich ergebenst an, ob die mir gestern für das Kunstblatt zugesandten Mittheilungen
des Prof Dorow in Berlin von Prof. Schorn an mich eingelaufen seyen oder unmittelbar
von Dorow² kommen? In lezterem Fall müßten solche zuerst an Prof. Schorn geschikt
werden. Daß das Eingelaufene während der nächsten Wochen H. Prof. Schorn nach

Castell[3] (? so lese ich den Namen) <u>nach gesandt werden</u> soll, wird die verehrliche Handlung unterrichtet seyn.

Mit bekannter Hochachtung / Dr. W. Hauff.

[1] Die Datierung ergibt sich durch den Empfangsvermerk der Cotta'schen Buchhandlung.

[2] Wilhelm Dorow (1790–1845), Schriftsteller und Archäologe, war bereits seit 1820 Mitarbeiter am *Kunst-Blatt*. Hier dürfte seine *Literarische und Kunstanzeige* in Nr. 36 des *Kunst-Blatts* vom 3. Mai und sein Artikel *Ächt oder Unächt* in Nr. 37 vom 8. Mai 1827 gemeint sein.

[3] Castell in Unterfranken, Schorns Heimatort.

27 | Wilhelm Hauff an Georg von Cotta. [Stuttgart, 4. April 1827].[1]

Hochwohlgeborner Herr!

Wenn Sie die völkerkundl. Notiz über Lappland[2] als <u>zu viel</u> noch abändern können, so liegen in der Drukerey

1. Aphorismen aus Paris
2. mein eigenes Manuscript [statt Lappland][3]

bereit mit welchem fortgefahren werden kann.[4]

Mit ausgezeichneter Hochachtung / Ewer Hochwohlgeboren / ganz ergebenster. / Dr. W. Hauff.

[1] Die Datierung ergibt sich aus dem nachfolgenden Brief und dem Erscheinungsdatum des Beitrags über Lappland am 6. und 7. April 1827.

[2] Gemeint ist der über die Nrn. 83 und 84 des *Morgenblatts* gehende Aufsatz *Einiges über Lappland und dessen Bewohner. Aus Brooke's Winter in Lappland und Schweden*, der von dem in London lebenden Professor für deutsche Sprache und Literatur Adolf Bernays (1794–1864) übersetzt worden war.

³ Von fremder Hand.

⁴ Der Abdruck von Hauffs eigenem Text – *Die Bücher und die Lesewelt* – beginnt in Nr. 85 des *Morgen-blatts* am 9. April direkt im Anschluß an den Lappland-Beitrag, die *Aphorismen aus Paris* von Ludwig Robert, von denen schon 1826 mehrere Folgen im Blatt gestanden hatten, wurden in der Nr. 94 vom 19. April 1827 fortgesetzt

28 | Wilhelm Hauff an Johann Friedrich Cotta. Stuttgart, 5. April 1827.

Ewer Hochwohlgeboren

übersende hier die Uebersicht über die nächste Woche, bitte solche doch genau durch-zugehen und ohne weiteres nach Ihrem Gutdünken abzuändern, damit ich nicht in den unangenehmen Fall wie gestern komme daß Sie mir nachdem die Disposition sechs Tage zuvor bestätigt war am siebenten Abend den Wunsch nach einer plözlichen Abänderung zusenden; denn Ihre Wünsche sind mir immer Befehl; Soll ich Jean Pauls Nachlaß nicht mit einigen Worten einleiten? Es sind treffliche Sprüche, doch möchten die über Napo-leon in jeziger Zeit überflüßig geworden seyn, da sie anno 7 und im Unmuth geschrieben sind.[1]

Mit ausgezeichnetster Hochachtung / Ewer Hochwohlgeboren / ganz ergebenster / Dr. W. Hauff.

[1] Jean Pauls Witwe Karoline hatte Cotta am 24. März 1827 eine Reihe von Gedankensplitter ihres verstorbenen Mannes zur Veröffentlichung im *Morgenblatt* übersandt, die dieses prompt, mit einer kurzen Vorbemerkung versehen, in den Nrn. 88, 91 – 92 und 94 – 95 vom 12. bis 20. April brachte und die Reihe dann weiterhin im Lauf des Jahres und auch noch 1828 fortsetzte. Es soll sich um Notizen aus den Studienheften zu dem Roman *Der Komet* handeln; da die Druckvorlage nicht überliefert ist, kann auch die gestrichene Stelle über Napoleon nicht ermittelt werden.

29 | Wilhelm Hauff an Johann Friedrich Cotta. Stuttgart, 7. April 1827.

Ewer Hochwohlgeboren

übersende hier nach Ihrem Wunsche, das Msct. von Jean Paul. Außer der eingeklammer-
ten Stelle über Napoleon könnte alles gegeben werden. Auf Donnerstag (Nro 88) könnte
damit begonnen werden, und das Msct, Dürfte nach genommener Einsicht, nicht an mich
zurük, sondern an den Setzer gelangen, dem ich eine kleine Einleitung zu diesen
Aphorismen übergeben werde. Mit ausgezeichnetster Hochachtung

   Ewer Hochwohlgeboren / ganz ergebener Diener / D. W. Hauff.

29 a | Hermann Hauff an Johann Friedrich Cotta. Stuttgart, 8. April 1827.

Ew. Hochwohlgeboren

haben mir erlaubt schriftlich meine Gedanken über das Verhältniß zu äußern, in das
Sie die Güte hatten mich zu Ihnen treten zu lassen.[1] Ich bin seit längerer Zeit entschlo-
ßen mich, ohne der Medicin völlig zu entsagen, was in meinen hiesigen Verhältnissen
nicht klug wäre, der Litteratur zu widmen, zu der mich von Jugend auf meine Neigung
zog, eine Neigung, die mir nicht nur die strenge Ausübung der Medicin lästig machte,
sondern auch wahrscheinlich jedes andere sogenannte Brodfach lästig gemacht haben
würde. Ich besitze nicht das Selbstvertrauen, vielleicht nicht das Talent meines Bruders, glaube aber soviel gelernt zu haben, daß ich in einer angemeßenen Sphäre etwas
leisten kann, und wo könnte meinen Kräften eine schönere Entwiklung werden als bei
einem Manne, dessen unermüdetem, großen Wirken die Wissenschaft soviel verdankt.
Ich bin also bereit Ew. Hochwohlgeboren meine Dienste in jedem für mein Wissen
erreichbaren Fache zu widmen; nach meiner bisherigen Erfahrung bin ich überzeugt,

daß es mir gelingen kann Ihr Zutrauen zu erwerben; ich bitte Sie wenigstens an meinem besten Willen nicht zu zweifeln, und wage es nur Einen Punkt zu berühren, der diesem in solchen Verhältnissen nothwendigen Vertrauen Eintrag thun könnte: ich besitze vielleicht zu wenig Selbstvertrauen, aber dieser Fehler, wenn es einer ist, überhebt mich auch der Qualen eines falschen Ehrgefühls, das durch alles gekränkt wird; ich ehre überdieß das Alter, und ehre noch mehr den Mann, der in einem Leben voll Thätigkeit unter außerordentlichen Schöpfungen sich außerordentliche Erfahrung geschaffen haben muß; durch diese Äußerung meiner Gesinnung wünschte ich Sie zu bestimmen, daß Sie, wenn Sie in irgend einem Punkte mit meinen Leistungen nicht zufrieden seyn sollten, den Fehler nicht durch Stillschweigen wachsen lassen, sondern durch offene Erklärung der Rechtfertigung oder der Besserung Raum geben möchten.

Ich habe bisher noch sehr wenig für Ew. Hochwohlgeboren gethan, ich weiß nicht, welches Augurium[2] Sie aus diesem wenigen für die Zukunft ziehen, ich weiß nicht, in wie weit Sie mich in Anspruch zu nehmen gesonnen sind – alles dieß macht es mir fast unmöglich, mich über den eigentlichen Zwek dieses Briefs auszusprechen.

Ich weiß, daß Ihre Güte einen zu bescheidenen Anspruch rectificiren[3] würde; aber der gänzliche Mangel an Anhaltspunkten würde mich anderseits auch der Gefahr einer unbescheidenen Forderung aussetzen. Diese Zurükhaltung von meiner Seite fällt Ihnen vielleicht lästig; ich hoffe aber Ew. Hochwohlgeboren werden meine Gründe um so mehr billigen, da die Sache sich in Zukunft viel leichter abmachen läßt, wenn Sie und ich einen bestimmtern Maßstab haben werden. Sollte es Ihnen unangenehm seyn, mir, wie man sagt, in Verbindlichkeit zu stehen, so bitte ich zu bedenken, daß die Sache in wenigen Monaten ins Reine kommen kann, daß ich, als bisher unverheirathet, zwar Geld brauche, aber nicht gar zu viel, und daß eine unbestimmte Summe voraus der nachmaligen bestimmten keinen Eintrag thut. Ich hoffe und wünsche, Ew. Hochwohlgeboren werden diese meine Gründe zu würdigen wissen, und mein Benehmen nicht eine falsche Delicatesse[4] nennen, was ich wirklich nicht verdienen würde.

Was mein Verhältniß zu meinem Bruder betrifft, so bin ich mit den von ihm vorgeschlagenen und von Ihnen gebilligten Bedingungen vollkommen zufrieden. Je mehr wir, mein Bruder und ich, den Geist des Morgenblatts kennen lernen, desto besser wird es gewiß gehen; ob ich gleich nicht Redacteur bin, so sehe ich doch, daß meine Mitwirkung nützlich seyn kann, und ich habe diese Sache zu meines Bruders und des Instituts Ehre zu der meinigen gemacht.

Ich habe die Ehre Ihnen einen aus dem Globe bearbeiteten Aufsatz beizulegen.[5]

In der Ueberzeugung, daß Sie meine Äußerungen die beste Auslegung geben werden, bin ich

Ew. Hochwohlgeboren / ergebenster / H. Hauff

[2 May mündlich gebeten, ja keine Stelle, die angeboten oder anzunemen wäre auszulassen; ich könne mich zu Nichts engagiren, werde aber stets auf ihn Rüksicht nemen][6]

[1] Gemeint ist wohl Hermann Hauffs Mitarbeit am *Morgenblatt*.

[2] Prophezeiung, Deutung eines Vorzeichens.

[3] berichtigen.

[4] Feingefühl, Ziererei.

[5] Gemeint ist vermutlich der Beitrag *Napoleons Nachlaß an seinen Sohn* vom 23. April 1827 (Nr. 97 des *Morgenblatts*), der auf einen titellosen Artikel im *Globe* vom 31. März 1827 (Nr. 99) zurückgeht.

[6] Von der Hand Cottas.

30 | Wilhelm Hauff an die Cotta'sche Buchhandlung. [Stuttgart, 14. April 1827].[1]

Der verehrlichen / J. G. Cottaschen Buchhandlung
übersende ich anbey einen Brief an Robert Namens der Redaction, welchen ich zu
besorgen bitte.

    Mit bekannter Hochachtung / Hauff.

[1] Datiert nach dem Eingangsvermerk der Buchhandlung.

30 a | Die Redaktion des Morgenblatts (Wilhelm Hauff) an Ludwig Robert. Stuttgart,
       14. April 1827.[1]

Diplomatisch-genaue Abschrift

Wohgebohrner sehr geehrter Herr!
    Die Redaction des Morgenblattes nimmt sich die Freiheit sich mit Ihnen über einige
Aufsätze zu verständigen, welche Sie derselben zu übersenden, die Gewogenheit hatten.[2]
Es fällt uns nemlich auf, *(!!)* daß unter 5 Aufsätzen auch nicht einer ist, der ihren Namen
trägt.[3] Sie wißen selbst, welche schöne Stelle in der deutschen Literatur Sie bereits[4]
errungen haben; wie schätzens werth uns ein solcher Nahme sey, dürfen wir nicht erst
auseinander setzen.[5] Dieser Nahme fehlt aber gerade bei Stellen, wo er uns nothwendig
erforderlich scheint. Ihre Gedichte, die Sie mit Ihrem Namen unterzeichneten, würde
jeder, auch wenn sie anonym erschienen, trefflich und angenehm finden, Ihre Aufsätze
aber würden mit diesem Namen ein größeres Gewicht, einen festeren Halt bekommen,
wir wagen zu behaupten, daß sie sogar größeres Aufsehen im Publicum erregen und

eben damit mehr und bedeutender wirken würden. Der Wunsch, Ihren verehrten Namen untersetzen zu dürfen wächst bei Aufsätzen die polemischer Natur sind.[6] An und für sich sind polemische Aufsätze minder paßend für das Morgenblatt selbst.[7] Das Morgenblatt hat, seit es sich das Literaturblt zum Gehülfen nahm, aufgehört ein critisches, oder recensirendes zu seyn.[8] Höchstens über allgemein interessante Gegenstände, Kunst, Theater &c könnte allgemein *(?)*, nie speciell *(?)* in diesem Blatt gestritten werden, und auch da nur mit Unterzeichnung des Namens[9] oder einer allgemein anerkannten Chiffer[10] und zwar aus dem natürlichen Grund weil die Redaction jeden anonymen Aufsatz den sie aufnimmt vertreten, gegen Anfeindungen – die bei anonymen Aufsätzen gewöhnlich zugleich gegen das Blatt aber nicht gegen den einzelnen Aufsatz allein gerichtet sind – schützen muß,[11] wozu sie weder Zeit noch Lust hat.[12] Ein solcher Fall trat ein bei dem Aufsatz »Halt! oder Visitation der Tagesblätter«. Sie wißen selbst welche Anfeindungen er hatte[13] wäre er mit Ihrem Namen oder Ihrer Chiffer gezeichnet gewesen, so hätte man gegen diese und nicht gegen Uns den Streit gerichtet,[14] und der Eigenthümer des Namens oder der Chiffer hätte seine Sache führen können[15] überhaupt scheint uns eine critische Würdigung der Tagesblätter mehr in das critische Beiblatt des Morgenblatts, als in das Blatt selbst zu passen.[16] Dasselbe ist es mit der Erwiederung des Aufsatzes »Die Apostaten des Wissens &c« von Dr. Börne. Diesem konnte die Aufnahme jenes Aufsatzes nur mit Beifügung seiner allgemein bekannten Chiffer gestattet werden.[17] Ihr Aufsatz ohne Unterschrift würde aber eher für das Lit.Blatt passen, da sich der Rezensent des Litera-turBlattes offenbar in diesem Blatte selbst am besten vertheidigt.[18]

Von einer anderen, allgemeineren Tendenz ist Ihr Aufsatz über die Hoftheater &c.[19] Wir haben selten etwas so Gelungenes über diesen Gegenstand gelesen und doch möchten wir auch dieser Arbeit den Namen des Verfassers gönnen. Wir werden auch dann noch mit ihm hin und wieder anstoßen[20] doch können wir uns mit seiner würdigen Tendenz trösten *(!!!!)*[21] Ohne Ihre Unterschrift würde die Redaction oder – der Eigenthümer des

Blattes jene Ausfälle [die] leider nur allzusehr und allgemein treffen, wenn nicht öffentlich doch desto mehr privatim vertreten müßen.[22] Etwas ganz Anderes ist es wenn ein
Literator von Ruf und Ansehen ein solches Wort zu seiner Zeit öffentlich spricht; und es
sind Wenige die diß so ruhig und mit Gewicht thun könnten, wie Sie.[23]

Sie können, verehrter Herr! diesen Wunsch[24] gewiß nicht ungerecht finden, da doch
alle unsere übrigen Mitarbeiter, bei so viel geringeren pecuniären Bedingungen *(!!!!)* sich
demselben Gesetze[25] unterziehen. Wir bitten daher uns recht bald von Ihren Gesinnungen über diesen Punct zu unterrichten, und sind erfreut, Sie bei dieser Gelegenheit von
der ausgezeichneten Hochachtung versichern zu können, welche fortdauernd für Sie,
verehrter Herr! hegen wird

die Redaction des Morgenblatts.

[1] Das Original des Briefes ist nicht überliefert. Der Text folgt einer Abschrift des Briefes von Friederike
Robert mit Annotationen von Ludwig Robert (im Text und in den Anm. *kursiv*), die dem Brief Roberts
an Cotta vom 18. Mai 1827 beilag. Die Schlussbemerkung Roberts bezieht sich auf das in Brief Nr. 35
erwähnte Schreiben Hauffs an Robert, mit dem der Konflikt offenbar beigelegt wurde.

[2] *Nie habe ich der Redaction etwas zugesendet!* – Robert korrespondierte in der Regel direkt mit
Cotta.

[3] *Unter mehreren hundert Aufsätzen, die ich seit 12 Jahren einsandte, habe ich kaum 10 unterzeichnet.*

[4] *Bereits! Wäre es nicht komisch, wenn ich dem alten Hofrath Haug schriebe, daß er sich bereits eine
schöne Stelle unter den deutschen Epigramatisten erworben hat?*

[5] Robert war damals schon seit mehr als zwanzig Jahren literarisch produktiv und hatte sich namentlich als
Dramatiker profiliert, etwa mit dem Stück *Die Macht der Verhältnisse* (1819). – Friedrich Haug
(1761 – 1829) war der erste prägende Redakteur des *Morgenblatts* gewesen und hatte sich außerdem
hauptsächlich einen Namen als Epigrammatiker gemacht. Jean Paul nannte ihn »den Marzial der
Deutschen«.

[6] *Wo ich mich unterzeichnen will sollte wie bisher mir allein überlassen bleiben. Dagegen kann man mir, was man nicht aufnehmen will zurücksenden; aber nicht monathelang ungedruckt liegen laßen und dadurch das Wort zu seiner Zeit vernichten.*

[7] *Seit wann? Schnurstracks dem entgegen, was Herr von Cotta mir als interessant bezeichnete, und was einem Blatte Leser verschafft. Ich soll also Unterricht empfangen und lernen was für das Mgbl passend ist!!!*

[8] *Ebenfalls neu. Also ein glattes plattes Unterhaltungsblatt für Müßlinge soll es werden?*

[9] *Eine förmliche Peyronet'sche Ordonanz! Les anonimes sont licenciés!* – Anspielung auf den französischen Justizminister Pierre-Denis de Peyronnet (1778–1854), der wegen der Wiedereinführung der Zensur und der Unterdrückung der Presse berüchtigt war. Die französische Sentenz – etwa: »Die Anonymen werden zurückgewiesen, werden entlassen« – dürfte die Abwandlung eines damaligen politischen Schlagworts sein.

[10] *Meine Gesinnung und mein Styl sind meine erkennbare und erkannte Chiffer.*

[11] *Ist entweder gar nicht nöthig, oder durch Schweigen am besten zu bewerkstelligen.*

[12] *Die anfänglich höfliche Form des Rescripts läßt hier nach.*

[13] *Ich weiß es zwar nicht; aber wenn ich es nun wüßte? Welch Unglück? Welcher Schaden für das Blatt?*

[14] Vermutlich ist ein mit »Erwiderung« überschriebener Artikel in den *Blättern für literarische Unterhaltung* gemeint (Nr. 44 vom 22. Februar 1827), in dem Johann Wilhelm Loebell (1786–1863) sich gegen einen Angriff in Roberts Artikel (in den Nrn. 10–12 des *Morgenblatts* von 11. bis 13. Januar 1827) zur Wehr setzt.

[15] *Und doch wird mir ungütigst nicht erlaubt, meine Sache gegen D^r B zu führen!!*

[16] *Es ist allgemein üblich, daß man sich in demselben Blatte vertheidigt, in welchem man angegriffen wird; besonders wenn man Mitarbeiter dieses Blattes ist. Der Gegenstand ist übrigens von allgemeiner Wichtigkeit.*

[17] *D^r B ist also Doktor Börne? Hatte die Redaction das Recht mir dieses zu vertrauen? Ich würde ihr dieses Recht nie gestatten. Und warum soll ich gezwungen werden die frühere Anonymität, als Rezensent des Steffenschen Buchs, abzulegen? Soll mich das D^r B dazu zwingen dürfen?*

[18] Der Aufsatz *Die Apostaten des Wissens und die Neophyten des Glaubens* von Ludwig Börne (1786–1837) in den Nrn. 73–76 des *Morgenblatts* vom 26. bis 29. März 1827 erschienen, nahm kritischen Bezug auf eine anonyme Rezension des Buches *Von der falschen Theologie und dem wahren Glauben* von dem Philosophen Henrich Steffens (1773–1845), die von Ludwig Robert stammte (*Literatur-Blatt* Nr. 56–57 vom 16. und 18. Juli 1823. Roberts Replik unter dem Titel *Pour un fait personel* erschien ohne Chiffre oder Namensnennung und nicht, wie hier vorgeschlagen, im *Literatur-Blatt*, sondern im *Morgenblatt* Nr. 151 vom 25. Juni 1827 mit der Zusatzbemerkung »Verspätet«.

[19] Der Artikel erschien anonym in den Nrn. 133, 135–139 des *Morgenblatts* vom 4. bis 11. Juni 1827.

[20] *Ein Blatt, das nie und nirgends anstoßen will, wird bald in den Ruf des süßen Abendblatts kommen und aufhören das Morgenblatt zu seyn.*

[21] Anspielung auf die von Karl Winkler redigierte Dresdner *Abend-Zeitung*, eine durchaus erfolgreiche Konkurrenz des *Morgenblatts*.

[22] *Wenn dergleichen geschehen sollte, so erwarte ich Verhaltungsregeln nur von dem Herrn Eigenthümer des Blatts, den ich als einen nicht so leicht zu erschreckenden Mann kenne.*

[23] *Persönliche Rücksichten kann nur die Person und keine unpersönliche Redaction beurtheilen.*

[24] *Wunsch? Ich las bis jetzt nur Gesetzgebung.*

[25] *Nun ist der Wunsch wieder Gesetz!! Erwähnung meines Honorars gestatte ich aber nur dem Herrn von Cotta, der allein darum zu wißen befugt und eben so delikat ist, als die Redaction int[d]elikat. Indessen bitte ich ergebenst, da es der Herr Dr Hauff wünscht, diesen Brief als nicht geschrieben zu betrachten, und an meine Versöhnlichkeit und mögliche Fügsamkeit zu glauben. Ludwig Robert*

31. Cotta'sche Buchhandlung an Wilhelm Hauff. Stuttgart, 16. April 1827.

Euer Wohlgebohren

sind wir hiemit so frei, um gefäll. Auskunft zu bitten ob Herr Weissenburg in Rom, die Fortsezung seiner italiänischen Novellen, deren Zahl er nach und nach bis auf 12 zu bringen gedenkt, einsenden soll?[1] Da wir ihm dieser Tage schreiben, so wünschten wir demselben das Nähere dieserwegen mitzutheilen.

    Mit vollkommenster Hochachtung / Euer Wohlgebohren / ergebenste / JG Cotta'sche Buchhandlung

[1] Die Antwort lautete offenbar negativ, da von Adolf Weissenburg außer seinem *Bericht über die neuesten Ueberschwemmungen des Anio bey Tivoli, und die daraus erfolgte Zerstörung eines Theils der Stadt* in Nr. 39–44 vom 14. bis 20. Februar 1827 in den nächsten Jahren überhaupt keine Beiträge im *Morgenblatt* mehr erschienen.

32 | Wilhelm Hauff an die Cotta'sche Buchhandlung. [Stuttgart,] 21. April 1827.

Von der wohllöblichen J. G. Cotta'schen Buchhandlung an Honorar den 3ᵗ April. 1827.

    556 f 43× <u>fünfhundert fünfzig sechs Gulden vierzig drei Kreuzer</u>

erhalten zu haben

bezeugt

Dr. Wilhelm Hauff.

33 | Wilhelm Hauff an Johann Friedrich Cotta. Stuttgart, 5. Mai 1827.

Ewer Hochwohlgeboren

erhalten anliegend: 1) einen Brief von Mch. Beer den er mir heute früh für Sie brachte. 2) sein Manuscript.[1] 3. den Brief von Siddons, von welchem ich Ihnen gestern sprach.[2] 4. die Bücher für Frau v. Huber, die ich erst heute wieder bekommen konnte. Sie stehen jezt auf 6–8 Wochen zu Diensten; es wäre gut, wenn Mde. eine der kleinern Erzählungen bearbeiten wollte; Lord Howth ist übrigens schon gegeben.[3]

   Mit dem Gefühl ausgezeichnetster Verehrung und Hochachtung

   Ewer Hochwohlgeboren / ergebenster Diener. / Dr. Wilh. Hauff.

[1] Das Manuskript der Novelle *Raphaels Schatten*. In Beers Brief vom 5. Mai 1827 ist allerdings auch von seinen beiden Dramen *Der Paria* und *Struensee* die Rede, die beide 1829 bei Cotta erschienen.

[2] Um welchen Brief von Charles Sealsfield es sich hier handelt, war nicht zu ermitteln.

[3] Therese Huber, die vormalige Redakteurin des *Morgenblatts* lieferte weiterhin Beiträge, meist Übersetzungen aus zeitgenössischen englischen oder französischen Werken. Hier handelt es sich offenbar um die Erzählungssammlung *Tales round a winter Hearth* der beiden schottischen Schriftsteller-Schwestern Jane (1778–1850) und Anna Maria Porter (1780–1832), 1826 in 2 Bänden in London erschienen. Der Publizist Karl Heinrich Hermes (1800–1856) hatte daraus bereits *Lord Howth. An irisch legend* übersetzt (*Morgenblatt* Nr. 11–15 und 18–20 vom 12. bis 17. Januar 1827); nun sollte von Therese Huber *Jeannie Halliday. A tale of our own times* folgen: *Annchen Halliday* (Nr. 282–286, 288–292, 294–296 und 298–301 vom 24. November bis 17. Dezember 1827).

34 | Wilhelm Hauff an die Cotta'sche Buchhandlung. Stuttgart, 6. Mai 1827.

Der sehr verehrlichen / J. G. Cottaschen Buchhandlung
kann ich nicht umhin zu bemerken, daß mir seit einiger Zeit das jedesmalige abgezogene
Exemplar[1] des Morgenblatts nur sehr unregelmäßig zukommt, so daß ich beinahe
jeden Morgen nach jenem vom vorhergehenden Tag mahnen muß und oft auch dann
nicht bekomme. So fehlen mir jezt wieder nur in neuester Zeit. 106. 108 und 109 was mir
diesen Abend hätte geliefert werden sollen. Ebenso wünsche ich Lit.Blatt. N. 36.[2]

Ferner frage ich an, ob nicht die Einrichtung getroffen werden könnte daß mir die Rev.
des Kunstblattes früher als bisher zukömt. Ich bekomme gewöhnlich diese Revision erst
um 8 oder 9 Uhr Abends und bin somit genöthigt meine schönsten Morgenstunden der
Correctur zu opfern die ich füglich Abends vornehmen könnte, wenn ich das Blatt etwa
um 3 Uhr erhielte; was denn doch, da das Blatt gewiß um 3 Uhr schon ausgesezt ist,
wohl möglich gemacht werden könnte.

Mit ausgezeichneter Hochachtung / gz. ergebener / Dr. Wilh. Hauff.

[1] Druckfahne.

[2] Es handelt sich um die Nummern vom 3., 5. und 7. Mai sowie um das *Literatur-Blatt* vom 4. Mai 1827.

35 | Wilhelm Hauff an Johann Friedrich Cotta. Stuttgart, 12. Mai 1827.

Hochwohlgeborner / Sehr verehrter Herr!
Anbey folgt ein Brief des Herrn Dr. Robert an mich, der eigentlich an die Redaction
gerichtet seyn sollte, da ich nicht in meinem, sondern der Redaction Namen an ihn
schrieb und bath, einige heftige, polemische Aufsätze, namentlich gegen die Hoftheater,

worinn unsre hiesige Direction sich in einem Hohlspiegel sehen könnte, mit seiner Chiffer oder seinem Namen zu versehen.[1] Ich lege Ihnen meine Antwort bey, die gewiß so abgefaßt ist, daß sich Herr Dr. R. nicht beklagen kann. Genehmigen Sie diese Antwort, so überlaße ich es Ihrem Gutdünken, solche abzusenden.[2]

Beifolgend noch einige Kleinigkeiten von mir, die vielleicht hin und wieder dem Setzer eine Verlegenheit wie er geschikt einen größeren Aufsatz abbrechen solle, ersparen können.[3] Mit Schluß dieses Monats hoffe ich Ihnen eine größere Erzählung vorlegen zu können.[4] Es wäre früher geschehen, wenn mich nicht die Erzählung für das Damentaschenbuch so lange beschäftigt hätte.[5]

Mit ausgezeichnetster Hochachtung und Ehrfurcht / Ewer Hochwohlgeboren / ganz ergebener Diener / Dr Wilhelm Hauff.

[1] Vgl. Brief Nr. 30 a.

[2] Noch bevor Ludwig Robert Hauffs Brief vom 14. April 1827 bekam, war er wegen des ausbleibenden Abdrucks seiner Beiträge fürs *Morgenblatt* bereits aufs höchste erbost, wie aus dem Brief an seine Schwester Rahel Varnhagen vom 13. April 1827 hervorgeht: »Der Teufel hat den Dr Hauf ins Morgenbl abgesetzt. Ein junger kaum Studentgewesener, nicht einmal bis zur neumodischen Plattheit gekommener pauvrer Sire, der gegen Clauren auftrat, und nicht halb so gut ist, als dieser, der doch wenigstens ein kreutzguter, ordinärer Kerl mit einem eigenen Darstellungstalent, zwar eigener Gemeinheit, aber auch eigener natürlich-guter, noch aus Friedrichs II Zeiten stammender Gesinnung ist, wärend dieser Hauf weder von Gott, noch Natur noch von der monde etwas weiß, die er zu schildern (aus Mode und für Geld und ohne die mindeste innere Anregung) sich äußerlich vornimmt und dann frisch weg schreibt; mit der Eleganz einer Kammerjungfer, mit dem Tiefsinn eines Leihbibliothekars und mit dem Humor eines sich breit machenden Stammgastes in einem kleinstädtischen Kaffeehause. Und solch ein Sudler konnte in Deutschland sich bemerkbar machen, gewissermaßen Aufsehn erregen! Und solch ein junger Bursche wird Redacteur des ältesten vornehmsten und gelesensten der Deutschen Tagesblätter, an welchem

Goethe Mitarbeiter war! – Mir ist durch diese Wahl ein Stück Hand, ein Stück meiner Zunge abgeschnitten; ich habe ein Sprachwerkzeug, ein Organ verlohren! – Er ist ein gemeiner Gelderschreiber, will von allen Journalen, von jedem Winkelrezensenten gelobt seyn, und macht also Parthey mit allen Partheyen, und druckt gerade nicht ab, was solchen Lumpen und Parthey-Menschen gesagt werden soll, um sie nur ja zu freundlichen Lobpreisern sich zu konserviren. Er wird das Morgenbl noch alberner, platter und süßlicher machen als das berüchtigte Abendblatt es ist; denn Winkler ist ein geistreicher und integrer Mann gegen den albernen unbewußt-bösen Knaben. Wenn Gans vom Morgenbl., wie Du schreibst, scheidet, so muß er diesen aufschießenden Giftpilz auf dem Felde der Literatur, öffentlich und wiederholt zertreten. Ich auch würde vom Morgenbl scheiden, wenn ich nicht leider! auch Geld erschreiben müßte …«. Nach Empfang von Hauffs nicht überliefertem Brief vom 12. Mai sowie einem weiteren vom 7. Juni 1827 (Wilhelm Hauff, *Werke*, hrsg. von Hermann Engelhard, Bd. 2, Stuttgart 1962, S. 901 f.) schrieb er am 14. Juni an Rahel Varnhagen: »Mit dem Morgenblatte bin ich ganz wieder in Ordnung. Das Redacteurchen hat mir einen Entschuldigungsbrief schreiben müssen, den ich nicht würde geschrieben haben, mit Verzeihungbitten, Schaamröthe, Bewunderung und d.gl. Ich habe dies durch Bestimmtheit und artiger aber derber Zornlosigkeit und Ruhe durchgesetzt – Jetzt bin ich auf solchem Fuß mit ihm, daß er mich hinsichtlich der Redaction um Rath frägt, nachdem er früher Gesetze geben wollte«. (Rahel Levin Varnhagen: *Briefwechsel mit Ludwig Robert*, hrsg. von Consolina Vigliero, München 2001, S. 506 f. und 517).

[3] Es dürfte sich dabei um die kleinen Gedichte Hauffs gehandelt haben, die im Mai und im Juni im *Morgenblatt* erschienen: *Schriftsteller* (Nr 124 vom 24. Mai), *Lehre aus Erfahrung* (Nr. 128 vom 29. Mai), *Regel für Kranke* (Nr. 132 vom 2. Juni) und *Charade von zwey Sylben* Nr. 156 vom 30. Juni 1827).

[4] Die Novelle *Jud Süß*.

[5] Die Novelle *Das Bild des Kaisers*.

35 a | Ludwig Robert an Wilhelm Hauff. Karlsruhe, 16. April 1827.

Wohlgebohrener / Sehr verehrter Herr Doctor!

Das verehrliche Schreiben, welches mir die löbl. Redaction des Morgenblatts am 14ᵗ April zugehen ließ, konnte ich und kann ich unmöglich beantworten, ohne eine Uebereinkunft mit dem Herrn Geh. Hofrath von Cotta zu verletzen, welche nun schon seit zwölf Jahren und darin bestehet: nur direct mit diesem meinem alten und bewährten Geschäfts-freunde in Verbindung zu stehen.

Damit nun aber diese Nicht-Antwort durchaus keinen Anschein von Persönlichkeit haben möge, so zeige ich Ihnen hiemit an, daß ich mich, als Mitarbeiter des Morgen-blattes, von demselben zurückziehe.

Haben Sie die Güte, diese Anzeige als einen Beweis zu betrachten, daß ich die Sache, die mir nicht zusagt, von der Person zu trennen weiß, der ich mich bei günstigeren Verhältnissen befreundet fühlen würde.

In keiner andern Absicht sind diese Zeilen geschrieben.

Genehmigen Sie die Versicherung meiner ausgezeichneten Hochachtung, mit der ich verbleibe

Ew Wohlgebohren / ergebenster Diener / Ludwig Robert

36 | Wilhelm Hauff an die Cotta'sche Buchhandlung. [Stuttgart, 16. Mai 1827]. [1]

Die sehr verehrliche / J. G. Cottasche Buchhandlung

ersuche ich geziemend mir nur auf einen Tag ein Exempl. des Kunstblattes von 1826 zu leihen. Ich soll das Register dieses Jahrgangs revidiren, was nicht genau geschehen kann, wenn ich nicht nachschlagen kann.

Sobald ich damit fertig bin, werde ich das Exempl. wieder zurükstellen.

Mit bekannter Hochachtung / ergebenster / Dr. Wilhelm Hauff.

[1] Datiert nach dem Eingangsvermerk der Buchhandlung.

37 | Wilhelm Hauff an Johann Friedrich Cotta. Stuttgart, 19. Juni 1827.

Hochwohlgeborner / Sehr verehrter Herr!

Ich nehme mir die Freiheit Ihnen anliegend eine Novelle: »Jud-Süß«, von meiner Hand, zu überreichen, welche zu Ihrer Disposition steht, im Fall Sie es paßend finden, solche im Morgenblatt erscheinen zu laßen.[1]

Ich habe versucht ein möglichst lebendiges Bild jener für unser Vaterland so verhäng-nißvollen Zeit zu geben, ohne jedoch irgend ein Intereße gegenwärtig lebender, hoher oder niederer Personen zu verletzen. Diese Novelle hat mich, ich geste[he] es, nicht geringe Mühe gekostet, einmal weil ich nur nach den genauesten Quellenstudien solche ausarbeiten wollte, und dann – weil es sehr schwürig war, ein umfaßendes Bild in einen so kleinen Rahmen zu paßen. Um so mehr würde es mich freuen, wenn diese Arbeit den Beifall eines Mannes erringen könnte, der mit der Geschichte des Landes, wie mit den Schönheits-Gesctzen der Literatur gleich vertraut, meine ausgezeichnetste Hochachtung und Verehrung besizt, womit auch jezt bin

Ewer Hochwohlgeboren / ganz ergebener Diener / Dr. Wilhelm Hauff.

[1] Hauffs Novelle um den jüdischen Finanzberater des württembergischen Herzogs Carl Alexander (1684–1737) Joseph Süß Oppenheimer (1692–1738) und seine politisch motivierte Hinrichtung erschien in den Nrn. 157–163, 165–170 und 172–182 des *Morgenblatts* vom 2. bis 31. Juli 1827 und

führte damit einen Stoff in die deutsche Literaturgeschichte ein, der mit Lion Feuchtwangers Roman (1925) und Veit Harlans Hetzfilm (1940) so bemerkenswerte wie extreme Ausprägungen gefunden hat, was schließlich Hauffs durchaus lesenswerte Novelle in den Hintergrund treten ließ.

38 | Wilhelm Hauff an die Cotta'sche Buchhandlung. [Stuttgart,] 6. Juli [1827].

Ewer Wohlgeboren
empfangen anbey Mscte von H. Hermann in Berlin die er zurükwünscht, nebst einem Brief der Redaction.[1] Er wünscht auch einen Aufsatz: »Daß jeder Gelehrte ein Handwerk lernen sollte« zurük, den er schon vor einem Jahr eingeschikt habe und der nicht in meinen Händen ist. Bitte nach zu sehen. Ich empfehle diese Remission baldiger Besorgung und bin mit bekannter Hochachtung
 ganz ergebener / Dr. W. Hauff.

[1] Der Brief ist nicht überliefert. Bei den zurückgeschickten Manuskripten handelt es sich um die von Hermann mehrmals angemahnte Fortsetzung zu seiner ›Gallerie merkwürdiger Menschen‹, von der 1826 einiges im *Morgenblatt* erschienen war, sowie um zwei *Die Kunst zu hoffen* und *Madam Sieben* betitelte Beiträge.

39 | Wilhelm Hauff an Johann Friedrich Cotta. Stuttgart, 10. Juli [1827].

Ewer Hochwohlgeboren

haben mich aufgefordert Ihnen den Betrag meiner Rechnung von April – Juni anzuzeigen; der Fehler des Buchhalters bestand nur darinn, daß er meines Bruders Rechnung
mit der meinigen verwechselte. Nro I der beifolgenden ist die meinige und beträgt

a. für gelieferte Originalbeiträge 20 Spalten à 44	55 f
b. . . . . Beiträge im Lit.Blatt (à 33f) eing. 8 Splt	16 f[1]
c. . . Honorar für Redaction des Morgblatts	
(seit dem lezten Semester à 1100 f)	275 f
	f 346.

Die bis jezt geordneten Mscte des Damentaschenbuchs werden geben, wenn man wie in
dem engl. Original 29 Lin. und auf die Lin. 14–16 teutsche Sylben rechnet:

Novelle von W. Alexis.	8 ½ Bogen	à 16 Seiten
Döring	4 ½	à 16 Seit.
Hauff	6 --------	à 16 Seit.
Gedichte	1 --------	à 16 ----
Text	1 ½	
	22 Bogen zu 16 Seit.	

oder 352 Pag.

Gewöhnlich haben die neueren Almanachs 370–520 Seiten. Daher möchte Platens
Schauspiel (eines oder das andre) das etwa zum Schluß noch 100 Pagina geben könnte,
sehr paßend seyn, und der Almanach würde dann mit Platen 28 oder 29 Bogen in klein
8 oder 18–19 in 12 betragen.[2]

Leo, Brockhaus, Schrag, Wilman's, Fleischer haben, wie ich aus Originalbriefen gesehen, W. Alexis und G. Döring 5 Louisd'or für 16 Seiten geboten, und ich glaube versichern zu dürfen, daß es meiner Einladung, als die eines Freundes war, was sie mit einem nicht höheren Anerbieten auf unsere Seite brachte. Daß Leonh. Schrag mir für 16 Seiten Almanachsform. dieselben Bedingungen hält, mag aus Beiliegendem erhellen, was ich mir nach genommener Einsicht bei Gelegenheit zurükerbitte.[3] Es würden daher für drei Erzählungen und den Text der Kupfer etwa 95–100 Louisd'or fallen; Beer begnügt sich mit einem Frei Exemplar und Schwab (1 Gedicht) behauptet mit Ihnen in besonderer Rechnung zu stehen. Graf Platen wird sich das Schauspiel nicht doppelt honoriren laßen, (er müßte ja kein Graf seyn) und so möchten sich die Honorar Kosten nicht sehr weit über 1200 f erstreken. Ja ich möchte bei einer Auflage von nur 1500 Ex. behaupten daß sich die Faßung höher belaufe – als die Steine.[4] Was übrigens heutzutag sehr nöthig ist.

Vergeben Sie, wenn ich Ihnen eine kostbare Minute durch mein Geschwätz geraubt habe und seyn Sie der unbegränzten Hochachtung versichert womit ich verharre,

Ewer Hochwohlgeboren, / ganz ergebener Diener / Dr. W. Hauff

N.S.

Wollen Sie einen lithogr. Umschlag?[5]

---

[1] Hauffs Honorarsatz für das *Morgenblatt* betrug 4 Louisd'or (die er ziemlich hoch mit 11 Gulden verrechnete) oder entsprechend 44 Gulden pro Bogen mit 8 Seiten bzw. 16 Spalten. Für eingereichte Beiträge zum *Literatur-Blatt* erhielt er das gewöhnliche Honorar von 33 Gulden pro Bogen mit 8 Seiten bzw. 16 Spalten.

[2] Das *Taschenbuch für Damen auf das Jahr 1828* enthält 26 + 454 Seiten im Kleinoktav-Format zu 29 Zeilen pro Seite. Das »engl. Original«, das offenbar als Vorlage diente, war das Taschenbuch *Forget me not*, das in London bei dem Verleger Rudolf Ackermann (1764–1834) erschien. Hauffs Schätzungen

sind noch einigermaßen ungenau; der tatsächliche Umfang der Beiträge von Alexis (148 Seiten), Döring (98), Hauff (141), der Gedichte (36), der Erklärung der Kupfer (22) und des Schauspiels von Platen (30) weicht von seinen Angaben teilweise stärker ab. – Von August von Platen (1796–1835) wurden 1828 im Cotta'schen Verlag unter dem Titel *Schauspiele* drei neue Stücke veröffentlicht: neben dem letztlich dann im *Taschenbuch für Damen* abgedruckten *Der Thurm mit sieben Pforten* noch *Der Schatz des Rhampsinit* und *Treue um Treue.* – In dem in Erwägung gezogenen kleineren Duodezformat kommen 24 Seiten auf einen Bogen, sodass der vermutete Umfang von 450 Seiten tatsächlich 18–19 Bogen ergeben hätte.

[3] Verlage, die eingeführte belletristische Taschenbücher herausbrachten: Friedrich August Leo die *Rosen*, F. A. Brockhaus die *Urania*, Johann Leonhard Schrag das *Frauentaschenbuch*, Gebrüder Wilmans das *Taschenbuch der Liebe und Freundschaft gewidmet*, Gerhard Fleischer die *Minerva.* – Bei dem beigelegten Brief dürfte es sich um ein Schreiben Georg Dörings an Hauff vom 6. Januar 1827 handeln, in dem Döring als Redakteur des *Frauentaschenbuchs* Hauff im Namen des Verlegers Schrag das genannte Honorar anbietet.

[4] Gemeint ist, dass die Ausstattung des *Taschenbuchs* kostspieliger sei als die Honorierung der Beiträger.

[5] Das *Taschenbuch für Damen auf das Jahr 1828* erhielt in der Tat einen durch Steindruck verzierten Einband.

40 | Die Redaktion des Morgenblatts (Wilhelm Hauff) an die Cotta'sche Buchhandlung. [Stuttgart, 18. Juli 1827].[1]

Ewer Wohlgeboren

erhalten anbey zur Remission und Besorgung

1. ein Brief an H. Gervinus in Heidelberg. (Die Handlung wird in beigelegten Briefen gefragt, ob sie ein Werk, das bey mir liegt, verlegen wolle?)[2]

2) an Herrn v. Soden. Nürnberg. (hier abzugeben.)[3]

3.) An Herrn Numsen in Tübingen.[4]

4. An Wullen   ebendas.[5]

5) an Fiesinger   ebendas.[6]

Mit vollkommener Hochachtung / die Redaction des Morgenblatts.

[1]   Datiert nach dem Eingangsvermerk der Buchhandlung.

[2]   Der damalige Student und spätere Literarhistoriker Georg Gottfried Gervinus (1805–1871) hatte der Cotta'schen Buchhandlung eine *Sammlung von Romanzen* zum Verlag bzw. zur Veröffentlichung im *Morgenblatt* angeboten. Offenbar sagte Hauff ebenso wie die Buchhandlung ab, denn weder da noch dort ist etwas von Gervinus' *Romanzen* erschienen.

[3]   Gemeint ist der Nürnberger Historiker Franz von Soden (1790–1869) der dem *Morgenblatt* im Herbst 1826 *Widerlegungen und Noten in Bezug auf das Werk der Frau Markgräfin von Ansbach* angeboten hatte. In der J. G. Cotta'schen Buchhandlung waren – nach auszugsweisem Vorabdruck im *Morgenblatt* – 1826 die *Denkwürdigkeiten der Markgräfin von Anspach* erschienen. Verfasserin war die englische Schriftstellerin Elizabeth Berkeley Lady Craven (1750–1828), die einige Jahre am Ansbacher Hof gelebt und 1791 den abdankenden Markgrafen Karl Alexander (1736–1806) geheiratet hatte. Hauff lehnte Sodens Anerbieten offenbar ebenso ab, wie er auch eine eingesandte Anekdote über Napoleon und einen Bericht über die Vermählung des Erbprinzen von Schwarzburg-Sondershausen an den in Stuttgart lebenden Bruder des Einsenders zurückgehen ließ.

[4]   Der Theologiestudent und spätere Schriftsteller Hermann Georg Numsen (1804–1838) hatte dem *Morgenblatt* eine Erzählung angeboten; da nichts davon erschienen ist, wird Hauff abgelehnt haben.

[5]   Wilhelm Ludwig Wullen (1806–1890), damals Theologiestudent, später Privatdozent für Philosophie in Basel und Dekan in Schwäbisch Hall hatte mehrere Epigramme eingesandt, die nachfolgend im *Morgenblatt* abgedruckt wurden (Nrn. 160, 169–171 und 177 vom 5. bis 25 Juli 1827.)

[6]   Der Theologiestudent Friedrich Fiesinger (1807–1882), später Professor in Bern, hatte lyrische Versuche ans *Morgenblatt* eingeschickt. Sie wurden nicht abgedruckt.

41 | Wilhelm Hauff an Johann Friedrich Cotta. Stuttgart, 20. Juli [1827].

Hochwohlgeborner / Sehr verehrter Herr!

Anbey habe ich die Ehre Ihnen eine Quittung über 345 f empfangen den 11ᵗ Juli und eine Anzeige über das Taschenbuch für Damen, für welches ich auch noch ein Gedicht von Matthisson bekommen habe, zu überreichen.[1] Lezteres zeichnet sich zwar nicht durch hohe Vortrefflichkeit aus, aber Matthissons Name hat doch noch in manchem Ohr einen guten Klang. Auch Strekfuß in Berlin hat ein Gedicht von 20 Stanzen, »Theoderichs Gastmahl« bis Ende dieses Monats versprochen.[2]

Zugleich muß ich um Verzeihung bitten, Sie in diesem wahrscheinlich geschäftsvollen Augenblik, mit einer Anfrage zu belästigen. Ich bin von mehreren Handlungen gedrängt einige meiner früher erschienenen Novellen herauszugeben und zwar, nach meinem eigenen Wunsch in der Herbstmeße. Nach unserer Uebereinkunft frage ich an, ob Sie vielleicht Selbst davon Gebrauch machen und sie in der Herbstmeße erscheinen laßen wollen? Ich bitte übrigens diese Anfrage als Frage und nicht als unbescheidene Bitte anzusehen. Arnold, Schlesinger und Frankh sind die Concurrenten um diesen Band und das höchst[e] Anerbieten dafür ist 500 f.[3] Sollten Sie dißmal keine Zeit für dieses Büchlein haben, so findet sich vielleicht im nächsten Jahr Gelegenheit zu einem, für mich ehrenvollen, Geschäft dieser Art mit der alten und berühmten Firma J. G. Cotta.

Ich habe während meines Aufenthalts in Berlin eine Novelle geschrieben »Phantasien im Bremer Rathskeller« und solche damals W. Alexis für sein neues Blatt (Conversationsblatt[)] übergeben. Die Theilname die solche, gegen meine Erwartung, überall gefunden, hat Schlesinger bewogen mir anzubieten, sie bey ihm einzeln herauszugeben. Ich zeige Ihnen diß an, im Fall Sie etwa das »Prioritäts Recht« üben wollten; Schlesinger bietet 90 Thaler sächs. für den Verlag auf 3 Jahre.[4]

Indem ich nochmals um Vergebung bitte wenn ich Sie durch diese Zeilen von etwas Beßerem abgehalten habe, bin ich mit ausgezeichneter Hochachtung und wahrer Verehrung

Ewer Hochwohlgeboren / ganz ergebener Diener / Dr. Wilhelm Hauff.

Von Sr. Hochwohlgeboren Herrn Geheimen Hofrath von Cotta den 11ten Juli 1827 dreihundert vierzig fünf Gulden (345) an Honoraren empfangen zu haben, bezeugt hiedurch dankbar

Dr. Wilhelm Hauff.

[1] Hauffs Rechnung vom 10. Juli hatte auf f 346 gelautet. Warum Cotta einen Gulden weniger bezahlte, ist unklar. – Die Anzeige, die etwa in der *Allgemeinen Zeitung* Nr. 225 vom 13. August 1827, dem *Intelligenz-Blatt* Nr. 23 (Beilage zum *Morgenblatt* Nr. 195 vom 15. August 1827) oder dem den Brockhaus'schen Blättern beiliegenden *Literarischen Anzeiger* Nr. 25 veröffentlicht wurde, lautet: »Taschenbuch für Damen auf das Jahr 1828. So sehr man sich seit einigen Jahren beflissen hat, den Geschmack des Publicums an eleganten und gehaltvollen Taschenbüchern zu befriedigen, so ließ doch bisher die Vergleichung unserer Almanachs mit Werken dieser Art, die in London und Paris erschienen, Manches zu wünschen übrig. Wir haben uns daher entschlossen, unser Taschenbuch für Damen in einer neuen Reihe erscheinen zu lassen, und die Art, wie wir es ausgestattet haben, läßt uns hoffen, daß wir die Wünsche unserer höchsten und höhern Stände befriedigen werden. Den Inhalt bilden Novellen und Gedichte von Matthisson, G. Schwab, M. Beer, Graf v. Platen, E. v. Schenk, W. Alexis, G. Döring, W. Hauff und Andern. Die (13) Kupfer sind von den besten englischen Meistern gezeichnet, in London gestochen und gedruckt worden. Das Taschenbuch für Damen wird im Laufe des Oktobers erscheinen, und wir sind überzeugt, daß es auch in dieser neuen Gestalt seinen frühern Gönnern willkommen sein und sich durch Gediegenheit und hohe Eleganz neue Freunde erwerben werde. J. G. Cotta'sche Buchhandlung«. – Friedrich von Matthisson lieferte zum *Taschenbuch für Damen* ein *Gesang der Würtemberger* betiteltes Gedicht.

[2] Das Gedicht von Karl Streckfuß (1778–1844), der vor allem als Übersetzer aus dem Italienischen bekannt war (Dante, Ariost), findet sich im *Taschenbuch für Damen.*

[3] Nach Cottas Ablehnung wurde Hauff mit Franckh einig, der sich freute, »daß Sie Ihren alt-jungen Verleger nicht über dem reichen Mann im Evangelium vergaßen«. Die dreibändige Ausgabe der *Novellen* erschien erst nach Hauffs Tod, Ende 1827 und Anfang 1828. – Die genannten Konkurrenten waren Johann Christoph Arnold (1763–1847), Verleger der Dresdner *Abend-Zeitung* und Adolf Martin Schlesinger (1769–1838), Berliner Musikverleger, der das Werk Carl Maria von Webers (1786–1826) betreute, aber auch das *Conversationsblatt* herausbrachte.

[4] Auch die *Phantasien im Bremer Rathskeller, ein Herbstgeschenk für Freunde des Weines* erschienen im Herbst 1827 bei Franckh.

42 | Johann Friedrich Cotta an Wilhelm Hauff. Stuttgart, 21. Juli 1827.

Euer Wohlgeboren
danke ich gehorsam für die gütig übersandte Anzeige so wie für das gütige Anerbieten des Verlags Ihrer Novellen.

Hätte die Herausgabe bis Weihnachten Zeit und wären nicht schon andre mit Anerbietungen mir zuvorgekommen, so würde ich mit Vergnügen darauf eingehen und will mir für die Zukunft Ihre Güte vorbehalten. –

Mit vorzüglicher Hochachtg / E Wohlgeb / ght / Cotta

43 | Wilhelm Hauff an die Cotta'sche Buchhandlung. Stuttgart, 23. Juli 1827.

Wohllöbliche J. G. Cottasche Buchhandlung
ersuche ich mir die Revision des lithographischen egyptischen Alphabets,[1] deßen
Besorgung Ihnen von H. v. Cotta zugekommen ist, sobald Sie solche erhalten haben,
unverweilt zu übersenden.

   Mit bekannter Hochachtung / Dr. Wilhelm Hauff / im Namen der Redaction /
des Morgenblatts

[1] Gemeint ist eine Steindrucktafel mit einer Konkordanz des lateinischen und griechischen Alphabets
mit ägyptischen Schriftzeichen, die der Nr. 196 des *Morgenblatts* vom 16. August 1827 beiliegen sollte.
Sie war Zugabe zu einem Artikel *Über die Hieroglyphen der Ägypter* von Karl Heinrich Hermes
(Nr. 194 – 196, 198 – 202 und 205 – 206 vom 14. bis 28. August 1827).

43 a | Hermann Hauff an die Cotta'sche Buchhandlung. [Stuttgart,] 24. Juli 1827.

Löbliche Buchhandlung
ersuche ich dem lithogr. Institut das für die zwei Steinabdrüke[1] nöthige Papier verabfol-
gen zu lassen, da es dieselben in diesem Falle zu Ende der Woche zu liefern versprochen
hat. Vorzüglich liegt daran, daß die Facsimile vor der Ausgabe der deutschen Übersetzung des Werks[2] dem Mblatt beigelegt werden; Sie werden daher die baldige Besorgung
derselben gefälligst betreiben.

   Nebst etc. / Dr. H. Hauff.

[1] Neben der Seite mit den ägyptischen Hieroglyphen ein Doppelblatt mit faksimilierten Unterschriften napoleonischer Größen, das in der Nr. 204 des *Morgenblatts* vom 25. August 1827 als Beilage zu dem von Hermann Hauff übersetzten Artikel *Züge aus Napoleons Leben* erschien (Nrn. 164–167, 177, 183 und 203–204 vom 10. Juli bis 25. August 1827). – Eines der wenigen Zeugnisse, die den Schluss zulassen, daß Hermann Hauff (wohl seit Mai 1827) offiziell bei Cotta angestellt war.

[2] Hermann Hauffs Artikel basiert auf den 1827 erschienenen *Mémoires anecdotiques de l'intérieur du palais et sur quelques événements de l'empire* von Louis-François-Joseph de Bausset (1748–1824), die noch im gleichen Jahr bei Franckh in deutscher Übersetzung herauskamen (*Denkwürdigkeiten, Erinnerungen und geheime Geschichten über das Innere des Palastes von Napoleon und einige Ereignisse des französischen Kaiserreichs*).

44 | Wilhelm Hauff an die Cotta'sche Buchhandlung. [Stuttgart, 25. Juli 1827].[1]

Einer wohllöbl. J. G. Cotta'schen Buchhandlung.

Aus dem so eben erhaltenen Schreiben Ewer Wohlgeborn[2] glaube ich vermuthen zu können daß die Kupfer zu dem von mir redigirten deutschen Almanach endlich aus England angelangt sind? Wäre diß, so bitte mir solche von Nr. 1–13 unverweilt zu übersenden, weil ich den Text dazu liefern muß.[3] Sollte sich Ihre Anfrage nur auf die deutsche Anzeige des Almanachs beziehen, so folgt hier der Titel:

Taschenbuch für Damen / für / das Jahr / 1828. Mit Beyträgen von Fr. v. Matthisson, G. Schwab, Graf v. Platen, E. v. Schenk, Michael Beer, W. Alexis, Georg Döring, W. Hauff und andern. / Mit englischen Kupfern.

Ich habe übrigens H. v. Cotta eine Anzeige darüber gemacht und übergeben.

Ergebenst / Dr W Hauff

[1] Datiert nach dem Eingangsvermerk der Buchhandlung.

[2] Der Brief ist nicht überliefert.

[3] Dieser erschien im *Taschenbuch für Damen* unter dem Titel *Erklärung der Kupfer.*

45 | Wilhelm Hauff an die Cotta'sche Buchhandlung. [Stuttgart, 26. Juli 1827].[1]

Verehrliche J. G. Cotta'sche Buchhandlung
bitte ich um 1 Expl. Nro 163 Morgenblatt, indem das meinige durch Zufall so defect
geworden, daß ich es an manchen Stellen nicht lesen kann.[2]
   Hochachtungsvoll / Dr. W. Hauff.

[1] Datiert nach dem Eingangsvermerk der Buchhandlung.

[2] Diese Nummer enthält auch einen Abschnitt von Hauffs Novelle *Jud Süß.*

46 | Wilhelm Hauff an die Cotta'sche Buchhandlung. [Stuttgart, 31. Juli 1827].[1]

Ewer Wohlgeboren
ersuche ich mir den Titel beifolgenden Werkes genau anzugeben und mir dasselbe noch
heute wieder zurükzuschiken, da ich Auszüge daraus im M.Bl. geben werde.[2]
   Mit vorzüglicher Hochachtung / D. W. Hauff

[1] Datiert nach dem Eingangsvermerk der Buchhandlung.

[2] Gemeint ist vielleicht die Sammlung *Stimmen des russischen Volks in Liedern* von Peter Otto von
   Goetze (1793–1880), die 1828 in der Cotta'schen Buchhandlung herauskam und woraus das *Morgen-*
   blatt Vorabdrucke brachte (Nrn. 186–193 vom 4. bis 13. August 1827).

47 | Wilhelm Hauff an die Cotta'sche Buchhandlung. Stuttgart, 7. August 1827.

Verehrliche J. G. Cotta'sche Buchhandlung,

ersuchen wir[1] geziemend beiliegenden Brief sogleich zu besorgen. – Dem Verlangen von Dunker und Humblot in Berlin betreffend 15 Exempl. Morgenblatt kann nicht entsprochen werden weil: Der Aufsatz über den patriotischen Geiger nicht aufgenommen wurde.[2]

Wir bitten so bald als möglich uns auf einige Zeit ein Expl. des Morgenblatts von 1807–1826 (Oct. Nov. Dec. 1826 haben wir) zu übersenden, weil wir bei mancherley Stoffen nachschlagen müßen. Das Exempl. wird der Handlung nach Gebrauch wieder zugestellt.

Mit ausgezeichneter Hochachtung / die Redaction des Morgenblatts / f. d. / Dr. W. Hauff.

[1] Am 8. August brach Wilhelm Hauff zu einer vierwöchigen Reise nach Tirol auf, um Material für einen geplanten Andreas Hofer-Roman zu sammeln. Während seiner Abwesenheit besorgte Hermann Hauff die Redaktion des *Morgenblatts*, was sich hier in der Pluralform schon andeutet.

[2] Um was für einen Aufsatz es sich hier handelt und was der Berliner Verlag Duncker & Humblot damit zu tun hatte, konnte nicht ermittelt werden.

47 a | Hermann Hauff an die Cotta'sche Buchhandlung. [Stuttgart, 24. August 1827]. [1]

Ich ersuche eine löbl. Buchhandlung Herrn Gameter das Manuscript mit der Bemerkung zurükzusenden, daß die Redaktion des Mbl. mit Beiträgen von Döring, Kruse, Schreiber für den Lauf dieses Jahrs reichlich versehen ist. [1] Könnte er sich entschließen, so lange zu warten, so würden wir seinen Beitrag mit Vergnügen annehmen. Nebst etc.

Dr. H. Hauff.

[1]   Datiert nach dem Eingangsvermerk der Buchhandlung.

[2]   Von dem Schweizer Schriftsteller Jakob Peter Gameter (1789–1829) ist nichts im *Morgenblatt* erschienen. – Georg Dörings Novelle *Die Vorurtheile* wurde in den Nrn. 200–207 und 209–222 des *Morgenblatts* vom 21. August bis 15. September abgedruckt. *Die Kunstreiterfamilie. Dem Dänischen des B. S. Ingemann nacherzählt von Kruse* erschien in den Nrn. 237–247 und 249–255 vom 3. bis 24. Oktober 1827. Mit dem Dritten dürfte Hermann Hauff den Reiseschriftsteller Aloys Schreiber (1761–1841) meinen, der 1827 jedoch fast ausschließlich im *Kunst-Blatt* publizierte.

48 | Wilhelm Hauff an die Cotta'sche Buchhandlung. München, 26. August 1827.

Verehrliche J. G. Cottasche Buchhandlung
ersuche beifolgendes [1] unverweilt meinem Bruder zukommmen zu laßen und bin mit bekannter Hochachtung

Dr. Wilhelm Hauff

[1]   Vermutlich Wilhelm Hauffs Brief an seinen Bruder aus Bozen vom 20. August 1827.

49 | Wilhelm Hauff an Johann Friedrich Cotta. München, 28. August 1827.

Hochwohlgeborner, / Sehr verehrter Herr!

Von meiner Reise durch Tyrol glüklich und mit der Ausbeute von Bemerkungen zufrieden, hieher zurükgekommen nehme ich mir die Freyheit Ihr stilles Asyl mit einigen Zeilen zu betreten, die Geschäfte betreffen.[1]

Ich war gestern Abend bey v. Schenkh[2] zu Tische und erfuhr von ihm, daß Schelling Ihnen seine »EröffnungsRede« zur Herausgabe anbiethen wird.[3] Im Fall Sie solche anzunehmen für gut fänden, frage ich an, ob diese sehr merkwürdige Arbeit nicht dürfte für das Morgenblatt benüzt werden, und, würde diß genehm seyn, ob Sie die Güte haben wollten der Redaction für das Msct zu sorgen?[4]

Noch sind die Kupfer nicht angekommen. Ich werde sie jezt in Stuttgart treffen, wohin ich am 4.ͭ Sept. von Nördlingen abreise.[5] Haben Sie vielleicht auch für einen gestochenen oder lithographirten Titel gütigst gesorgt?

Schenkh theilte mir auch Schellings Ansichten über seine künftige Berufsthätigkeit mit. Er will von Anfang bis Ende Semesters (27–28) lesen, er will, wie er sich selbst ausdrükte »neu aufleben«. Er hat mit Mehreren, wie mich Schenkh versichert, die Absicht und den Plan ausgesprochen Eine Zeitschrift von allgemeinem Innhalt zu gründen und heraus zu geben, welche nach Art franz. und engl. Journale ihren Gegenstand zwar erschöpfen, aber in einer faßlichen, eleganten und populären Weise vortragen soll. Namentlich wurde als Gegensatz die hegelschen critischen Jahrbücher angedeutet. Diese Zeitschrift soll nicht Critik allein, sondern Aufsätze aus Philosophie, Geschichte, Naturhistorie (Schelling – Roth – Ocken??) aber wahrscheinlich in philosophisch raisonirendem Ton enthalten. Da Schenkh es mir nicht verboten hat, so glaube ich wohl Ihnen sagen zu dürfen, daß man sich schmeichelt dieses Journal könnte so intereßant werden, daß es würdig wäre im Leuchtenbergischen Palais zu erscheinen.[6]

Roth hat einige vortreffliche Verse über Cannings Tod geschrieben und sie mir für das M.bl. zustellen laßen.[7]

Schenkh dichtet aus höherem Auftrag ein kleines Schauspiel »Albrecht Dürer in Nürnberg«, das bei Grundsteinlegung des A. Dürerschen Monuments in Nürnberg und München aufgeführt werden soll. Er ist geneigt es nicht anders als im Taschenbuch für Damen auf 1829 herauszugeben, wenn es Ihnen anders angenehm seyn sollte.[8] Sehr komisch ist für mich die Art wie sich diese guten, übrigens sehr schätzbaren, Leute bemühen, das »große Geheimniß« auszuforschen, ob das M.bltt hierher verlegt werden soll. So erfreulich auf der einen Seite der Eifer und die Vorliebe ist, welche sie für dieses Institut an den Tag legen, so ermüdend war auf der Andern, die immerwährende und strenge Verneinung, nichts zu wißen, weil man oft gerade die reinste Wahrheit am wenigsten glaubt. Meine Reise nach Tyrol galt für Masque; das eigentliche Zwek sollte eine lezte Rüksprache mit Ihnen und die Absicht seyn, mich hier um eine Wohnung umzusehen.

»Wenn's fertig ist, kommt's auch an mich« – sagt Isolani in den beiden Piccolomini;[9] weiß ich doch, daß Sie überzeugt sind ich werde, wie es auch komme, mit uneigennüzigem Eifer Ihre Sache zu der meinigen machen.

Indem ich bitte mich in das gnädige Andenken der Frau von Cotta, in die gütige Erinnerung des Fräuleins von Hügel zu empfehlen,[10] Selbst aber mir Ihre geneigten Gesinnungen zu erhalten, bin ich mit ausgezeichneter Hochachtung

Sehr verehrter Herr! Ihr / ganz ergebener Diener / Wilhelm Hauff.

[1] Hauff hatte sich auf seiner Reise nach Tirol zunächst für einige Tage in München aufgehalten und machte dort nun auf seinem Rückweg erneut Station. Über seinen ersten Münchner Aufenthalt, der offenbar auch dazu dienen sollte, sich einen Eindruck von der Cotta'schen Zweigstelle in München, der *Literarisch-artistischen Anstalt*, zu verschaffen – damals stand eine Verlegung des *Morgenblatts*, ja sogar des

gesamten Verlags, nach München im Raum – berichtete Hauff ausführlich in dem Brief an seinen Bruder vom 20. August 1827: »Cottas Landkarten Institut macht viel Aufsehen und ist in der That fürstlich eingerichtet. In den schönsten Säälen, in Zimmern die deckenhohe Trumeaux und marmorne Kamine haben – sitzen Zeichner und Kupferstecher. Unter den Zeichnern befinden sich 6–8 der ausgezeichnetsten bayrischen Ingenieure. Cotta hat die belle étage für sich behalten und, wie man sagt, königlich eingerichtet. Von den Herren Gehülfen Cottas spricht man übrigens sehr zweideutig. Der Standpunkt auf welchem diese Institute in München stehen ist ein viel höherer als er in Stuttgart war; man sieht daher auch mehr auf die Vorsteher derselben. Aber Schorn und nachher (entre nous ss. dte) C. selbst haben sich bitter über die mitgebrachten beklagt. So wenig C. auf äußere Formen zu sehen scheint, so bin ich doch versichert daß es ihm schmeichelt wenn seine Unterthanen und Leibeigenen für gesellige, gebildete Leute gelten und namentlich in der Gesellschaft einen gewißen Rang behaupten, besonders in München, wo doch wenigstens Gesellschaft ist, denn in Stuttg ist keine. Aber – Prof. Hoffmann soll mit entseztlicher Unordnung angefangen haben, ist faul, und – hat noch niemand, nicht einmal Schorn besucht!! Abends sizt er mit einigen abgedankten Hauptleuten im Bierhaus und schwadroniert über Terrengzeichnung. Mebold ist nirgends sichtbar; er und Kolb haben nicht einmal die Empfehlungsbriefe von Cotta an Leute, die sich für C's Institute intereßiren, abgegeben; sie leben völlig in obscuro. Dr. Hermes spielt in den Caffehäußern den großen Geist, renomirt von Artikeln, die er für die allgem. Zeitg. bearbeitet habe und wird wie in Stuttgart, entweder verlacht oder – für einen bösen Menschen gehalten.

Diß Alles könnte auf den ersten Anblik sehr gleichgültig erscheinen. Man kann sagen, – lebten sie in Stuttgart so, warum sollen sie es sich in dem größeren München, wo der Einzelne mehr verschwindet, unbequem machen? Aber die Sache hat denn doch eine andere Seite. In Stuttgart geht die Indolenz gegen alles was nicht Pferd, oder von Adel oder in ansäßigem Amt und Brod ist von Oben aus und findet bis herab zum Canzlisten feurige Nachahmung. Anders in München. Abgesehen davon daß die Gesellschaft, selbst der niedere Adel, aus ehrlichen, lustigen, lebensfrohen Leuten besteht, – seit der König die Richtung seines Geschmaks so deutlich ausgesprochen hat, nimmt man mehr Antheil an literarischem Wesen und Treiben, und der König selbst steht in einem bey weitem näheren Raport mit den

Leuten die sich für Kunst und Literatur intereßiren, als mit den höheren Cirkeln. Zwar bequem, aber sehr unklug ist es daher von obgedachten Leuten, obgleich sie wißen, daß sie sehr beobachtet sind, sich nicht in die einmal bestehenden Verhältniße fügen zu wollen.

Ich habe, wie natürlich, bey Schorn sogleich wegen des M.blt. nachgeforscht. Er behauptete durchaus nichts bestimmtes zu wißen, schob aber allen dißfalsigen Verzug auf Madame, welcher die Verhältniße in München, wo die haute societé viel strenger als irgendwo von dem niederen Adel geschieden ist, nicht sehr behagen sollen. – Ich reiste nachdem ich 2 ½ Tage in München verweilt, nach Grait. Den alten Plansack fand ich nicht nur um 10 Jahre jünger, sondern er empfing mich auch mit so zuvorkommender Herzlichkeit daß ich merkte, unsere Actien müßen gut stehen. Ich habe ihn nie so freundlich und heiter gesehen. Wir bestiegen den Morgen nach meiner Ankunft einen Berg und ich fand da Gelegenheit bey Madame nachzuforschen. Sie drükte sich sehr unbestimmt aus, fand es zwar für rathsam daß der Alte seine Geschäfte concentrire, schimpfte aber in ihrer Manier auf die Münchner (sie trinken Abends keinen Thee sondern Bier) und suchte auszuweichen, vermuthlich weil sie nicht wußte ob C. mit mir über diese Gegenstände sprechen werde. Abends, als im Salon der Badeadel Lotterie spielte, war ich beinahe 2 Stunden mit ihm allein. Er freute sich über die Bekanntschaften die ich in München gemacht, murrte über die Stellung der Andern und äußerte dann, es sey ihm angenehm, wenn man dort bekannt sey, weil er eine Art von literarischem Hause machen werde, wo man einige Abende in der Woche sich fände; der König selbst werde zuweilen kommen, er habe dieß namentlich gewünscht etc. Sodann fragte er bestimmt ob ich, was er sehr wünsche, ihm nach München folgen würde, es sey dort doch ein anderer Plaz für das M.bl. es ließe sich ma[n]che Verbindung anknüpfen, er wolle in seinem Hause alle Blätter von Europa halten, dort wäre dann eine Vereinigung wo man alles benüzen könnte, der König intereßire sich sehr für das M.bl, er wünsche daß recht viele tüch[t]ige junge Männer herkommen und daß C. selbst so viele als möglich herbeyziehe und gestand mir unter der Hand, daß ihm der König von Baiern, in der Voraussetzung, daß er seine Institute dort concentrire, das Palais um 100.000 f wohlfeiler überlassen habe.

Der Refrain bey diesem Liede war wie immer, ›wär' ich nur nicht so alt, aber es muß jezt doch etwas für die Institute geschehen‹ etc. etc. Ich für meinen Theil glaube daß wir die längste Zeit in S. waren und so schwer es mir seyn wird mich von so vielen Theuren zu trennen, so möchte doch dieser Tausch von großem Vortheil für mich seyn. München ist nicht dazu gemacht durch die Aussenseite zu blenden und anzuziehen; im Gegentheil hat mich der Anblick der biertrinkenden Herren und Damen unwillkührlich an den faden Herren erinnert, aber wenn ich die zuvorkommende Freundlichkeit, die Achtung und das Intereße, womit man mich aufnahm gegen die Gesinnungen unserer theuren Vaterstadt hielt, wo unsereiner mit Schneider und Schuster die für Geld arbeiten in gleicher Achtung und Rangklasse steht, so fand ich doch, daß wenn Anerkennung und Beachtung ermuthigen sollen, Stuttgart, für ein Stadtkind wenigstens, der schlechteste Ort ist.« (Wilhelm Hauff, *Werke*, hrsg. von Hermann Engelhard, Bd. 2, Stuttgart 1962, S. 905 ff.)

[2] Eduard von Schenk (1788–1841) war Dichter und als solcher mit dem Sonettenzyklus *Nachtviolen* in Hauffs *Taschenbuch für Damen auf das Jahr 1828* vertreten; daneben war er hoher Ministerialbeamter und sollte später noch bayerischer Innenminister werden.

[3] Der aus Württemberg stammende Philosoph Friedrich Wilhelm Joseph Schelling (1775–1854) war im Frühjahr 1827 als Professor an die Münchner Universität berufen worden. Hier geht es um seine am 25. August gehaltene Antrittsrede als Vorstand der Akademie der Wissenschaften, welches Amt er gleichfalls übernahm.

[4] Die Rede wurde erst aus Schellings Nachlass veröffentlicht.

[5] Dort besuchte Wilhelm Hauff die Familie seiner Frau.

[6] Die offenbar als Gegenstück zu den in Cottas Verlag erscheinenden *Jahrbüchern für wissenschaftliche Kritik* unter der Ägide von Schellings einstigem Zimmergenossen im Tübinger Stift, Georg Friedrich Wilhelm Hegel (1770–1831) konzipierte Zeitschrift kam nicht zustande. Als Mitarbeiter waren anscheinend der gleichfalls aus Württemberg stammende Gelehrte und bayrische Ministerialrat Friedrich von Roth (1780–1852) sowie der seit Frühjahr 1827 in München lehrende Naturforscher und Naturphilosoph Lorenz Oken (1779–1851) vorgesehen. – Cottas Münchner Wohnsitz (Theatinerstraße 11, das heutige Einkaufszentrum ›Fünf Höfe‹), wo sich auch die ›Literarisch-artistische Anstalt‹ befand, wurde Leuchtenbergisches Palais genannt, weil dort davor der Herzog von Leuchtenberg gewohnt hatte. Es ist nicht zu verwechseln mit dem Palais Leuchtenberg am Odeonsplatz.

7   Der britische Politiker George Canning (1770–1827) – zuletzt Premierminister – war am
8. August gestorben. Das Gedicht Roths erschien in der Nr. 213 des *Morgenblatts* vom
5. September 1827.

8   Schenks Stück *Albrecht Dürer in Venedig*, wurde anlässlich der Feier zum 300. Todestag
Dürers am 7. April 1828 in München aufgeführt – am gleichen Tag legte man in Nürnberg den
Grundstein für ein Dürer-Denkmal – und erschien dann im nächsten Jahrgang des *Taschenbuchs
für Damen.*

9   Ungenaues Zitat aus Schillers *Wallenstein*: Nicht Isolani, sondern Max Piccolomini spricht die Worte
»Wenn's fertig ist, kommt's wohl auch bis zu mir« (*Die Piccolomini* III,3).

10   Marie von Hügel, eine 1807 geborene Nichte Elisabeth von Cottas, begleitete das Ehepaar Cotta
bei seinem Münchner Aufenthalt.

50 | Wilhelm Hauff an Johann Friedrich Cotta. Nördlingen, 1. September 1827.

Hochwohlgeborner, / Sehr verehrter Herr!

Da ich bey Ihrer freundlichen und unermüdeten Sorge für das Morgenblatt beynahe
voraussetzen kann, daß Sie bey Ihrer Zurükkunft nach München vielleicht Einrich-
tungen treffen würden, Uns mit authentischen Berichten über die intereßanten Sitzun-
gen der Naturforscher in München zu versehen, so habe ich die Ehre, um deßfallsiger
Collision vorzubeugen, Ihnen anzuzeigen, daß ich so glüklich war, Prof. Schubert dahin
zu vermögen, daß er uns einen populären und ausführlichen Bericht in 3–4 Abthei-
lungen übersenden wird.[1] H. v. Plöz[2] unser Correspondent für die öffentlichen Angelegenheiten dieses Plazes möchte wohl weder das Intereße für <u>diese</u> Sa[che] haben,
noch würde sein Name von dieser Bedeutung seyn, w[ie] wir diß bey Schubert vereinigt
finden.

Sollte Ihnen dieser Vorschlag genehm seyn, so begnüge ich mich, wie solches bey Ihren vielerley Geschäften natürlich, <u>keine</u> Antwort darüber zu erhalten, weiß ich doch dann, daß Sie dieser Anordnung Ihre Zufriedenheit geschenkt haben.

Mit ausgezeichneter Hochachtung verharrend / Ewer Hochwohlgeboren / ganz ergebener Diener / Wilhelm Hauff.

[1] In den Nrn. 231–234 des *Morgenblatts* vom 26. bis 29. September 1827 erschien ein fortlaufender Korrespondenzbericht aus München darüber, verfasst von dem romantischen Naturforscher Gotthilf Heinrich Schubert (1780–860).

[2] Der Schriftsteller Johann von Plötz (1786–1856).

51 | Wilhelm Hauff an Johann Friedrich Cotta. Stuttgart, 7. September 1827.

Hochwohlgeborner / Sehr verehrter Herr!

Die <u>Kupfer</u> sind vorgestern angekommen. Es sind 13 Kupfer theils Scenen aus Balladen, theils landschaftliche Gegenstände vorstellend.[1] Ich bin damit beschäftigt den Text zu fertigen und jeden Tag kann mit dem Druck begonnen werden.

Nun erlauben Sie vorher folgende Fragen an Sie zu richten, um deren gütigst <u>baldige</u> Beantwortung ich bitte:

a) <u>Ackermann</u> spricht von 1000 Expl. die er schiken will, der Factor[2] aber behauptet, <u>Sie</u> wollen 1500 Abzüge machen lassen. Soll nun an Ackermann geschrieben werden, er möge 500 weitere Expl. schiken oder – sollen <u>hier</u> 1000 statt 1500 Expl. abgezogen werden?[3]

b) Unter den 13 Kupfern befinden sich 2–3 die minder gelungen sind und etwa wegbleiben könnten. Dürfen diese ausgewählt und zurükgeschikt werden, oder <u>muß</u> man alle 13 nehmen?[4]

c) Er schikte beifolgendes Präsentations-Blatt,[5] welches im Preise mit dem einzelnen
Stük der Kupfer gleich sey und fragt, ob man es auch wünsche? Wünschen Sie dieses
Blatt?

d) Soll der Titel gedrukt oder lithographirt werden?

Wäre ich nicht mit den Kupfern so sehr gedrängt oder hätte Ackermann 2 Expl.
geschikt, so hätte ich diese hübschen Bildchen für Frau v. Cotta, welcher ich meine
Verehrung zu melden bitte, beigelegt.

Mit ausgezeichneter Verehrung / ewer Hochwohlgeboren / ganz ergebener /
Dr. Wilhelm Hauff.

---

[1] Es handelt sich um Arbeiten englischer Stecher nach verschiedenen Vorlagen, die ursprünglich innerhalb
des Taschenbuchs *Forget me not. A Christmas and New Year's present for 1828* erschienen. Vgl.
etwa die begeisterte Reaktion Eduard Mörikes auf diese Bilder in seinem Brief an Johannes Mährlen vom
14. März 1828 (Eduard Mörike, *Werke und Briefe. Historisch-kritische Gesamtausgabe*, Bd. 10,
Stuttgart 1982, S. 200).

[2] Leiter der Druckerei.

[3] Das *Taschenbuch* erschien in einer Auflage von 1.500 Exemplaren.

[4] Im *Taschenbuch* waren letztlich nur zehn Kupferstiche enthalten.

[5] Gemeint ist ein gestochenes Schmuckblatt, auf dem eine Schriftenrolle dargestellt ist, in die der Käufer
des *Taschenbuchs* eine handschriftliche Widmung eintragen konnte.

52 | Wilhelm Hauff an die Cotta'sche Buchhandlung. Stuttgart, 7. September 1827.

Sehr verehrliche Handlung
bitte beiliegenden Brief[1] so schleunig als möglich zu besorgen, in dem seine baldige
Beantwortung von Wichtigkeit ist. Zugleich ersuche ich Sie mir auf Abschlag des
Quartals Juli – August – September 1827 Hundertfünfzig f 150 zu übermachen, worüber
ich bescheinigen werde.

    Mit bekannter Hochachtung ergebenster / Dr. Wilhelm Hauff.

[1] Brief Nr. 51

53 | Wilhelm Hauff an Johann Friedrich Cotta. Stuttgart, 8. September 1827.

Ewer Hochwohlgeboren!
Sende ich nachträglich dies Präsentationsblatt das in meinem gestrigen Briefe aus
Versehen nicht mit geschikt wurde. Indem ich um gütige Nachsicht wegen dieser
Versäumniß bitte, bin ich

    Mit ausgezeichneter Hochachtung / Ewer Hochwohlgeboren / ganz ergebener Diener /
Wilhelm Hauff.

54 | Wilhelm Hauff an die Cotta'sche Buchhandlung. Stuttgart, 8. September 1827.

Sehr verehrlicher

J. G. Cottascher Buchhandlung,

uebersende anbey zu gütiger Besorgung

    1) einen Brief an H. v. Cotta.[1]

    2) ein Paquet an Herrn Gammeter hierselbst im Hause wohnend, nebst 1 Brief

innliegend.[2]

    Zugleich eine Quittung über 150f.

    Mit vollkommener Hochachtung / Dr. Wilhelm Hauff.

Der Unterzeichnete bezeugt hiemit auf Abschlag seiner laufenden Rechnung von der J. G.

Cotta'schen Buchhandlung

    Hundertfünfzig Gulden 150

    empfangen zu haben.

    Den 8! September 1827.

    Dr. Wilhelm Hauff

[1] Brief Nr. 53.

[2] Vgl. Nr. 47 a. Offenbar hielt der Schweizer Schriftsteller sich damals in Stuttgart auf.

55 | Wilhelm Hauff an Johann Friedrich Cotta. Stuttgart, 13. September 1827.

Hochwohlgeborner, Sehr verehrter Herr!

Ich eile auf Ihr verehrtes Schreiben dto. 9 Sept.[1] über einige wichtige Puncte zu antworten. Ich habe an Ackermann einen Brief aufgesezt und heute der Handlung übergeben, worinn ich 3 Bilder namhaft mache, die er zurükbehalten könnte; nach Ihrem Wunsche habe ich die Sache so delicat als möglich berührt und gesagt: »Der Text dieser Kupfer eigne sich leider weniger zu einer teutschen Bearbeitung als der der übrigen und da wir bei so schönen Kupfern auch auf die Erklärung einen vorzüglichen Werth legen, so etc.« Mit Bedauern muß ich übrigens bemerken, daß wenn Ackermann schnell im Versenden ist, dieser Brief nichts mehr fruchten wird, da die Handlung, 2 Tage früher durch einen Brief von Ihnen über die Anzahl der Expl. unterrichtet, die Bestellung sogleich ausgeführt haben wird. Da Sie mir in eben gedachtem Schreiben die Wahl auftrugen das Präsenta-tionsblatt anzunehmen oder nicht, so habe ich die Handlung ersucht H. Ackermann zu schreiben, daß wir deßen <u>nicht</u> benöthigt seyen. Dieses Blatt würde 10 xr[2] kosten und da dieser Almanach ohnediß fürstlich ausgestattet ist, habe ich, für eine nicht sehr elegante Buchbinder Arbeit, 25of für 1500 Expl. zu theuer gefunden. Nachdem Sie jezt dieses Blatt eingesehen haben, werden Sie vielleicht diese Anordnung billig finden. Der Druk des Almchs hat bereits begonnen und nimmt sich in der That äußerst elegant aus. Da übrigens die lezten Bogen vor 4–5 Wochen nicht fertig seyn werden, finden Sie wohl noch lange Gelegenheit mir, oder der Handlung Andeutungen zu geben, wie es mit dem Einband gehalten werden soll? Ich schlage in Rüksicht auf den Titel vor, diesen ganz einfach <u>druken</u> und <u>nicht</u> lithographiren zu laßen, denn nicht dieser, sondern die wirklich wundervollen Kupfer müßen anlocken. Mit diesen Kupfern (Teutschland hat noch, in <u>diesem</u> Format, keine ähnlichen gesehen) bin ich so wohl zufrieden, daß ich mich zu dem Text ordentlich begeistert fühle und glaube eine Arbeit zu liefern, die mir den schönsten

Preis, Ihren Beifall erwerben wird. Ich gebe mir Mühe damit, denn ich glaube daß wenn Zeichner und Kupferstecher ihr Möglichstes gethan, der Erklärer nicht zurükbleiben dürfe.

Criminalrath Hitzig[3] in Berlin (der Cheff der Mittwochgesellschaft)[4] hat mir zugesagt mit einer Gesellschaft literarischer Freunde Correspondenzen aus Berlin zu besprechen und zur Ausarbeitung des Gesammelten hat er H. v. Holtey, bekannt durch seine Liederspiele, vorgeschlagen.[5] Es wird ein Probebericht über den Monat October geliefert, der nicht honorirt wird, wenn er nicht gefällt. Die Gesellschaft und v. Holtey wollen den philosophischen Theil der Berliner Anschauungen unseren bisherigen Correspdten überlaßen, und sich über Sitten, Gesellschaft, Literarische und Musikalische Neuigkeiten und über einiges Gediegenere des Theaters verbreiten.[6]

Weiter schreibt mir Hitzig und bittet Ihnen zu berichten: Er hat als Director des CriminalGerichts in jenen demagog. Untersuchungen einen Herrn Liber kennen gelernt, der Jura studirt hatte. Dieser zog es vor eine ihm in Boston in NAmerika angebothene Stelle als Lehrer der Gym[n]astik und griech. Sprache anzunehmen, als sich in Köppenik einsperren zu laßen und hat von jener Stadt aus an Hitzig, zu welchem er im Verhöre und nachher Zutrauen gefaßt, geschrieben, ob er nicht vielleicht aus früheren literarischen Wegen mit H. v. Cotta in Verbindung stehe? Es gehe so vieles Grosartige, Wichtige und Intereßante um ihn vor, das für Deutschland gewiß sehr Wißenswerth wäre, er möchte dieses Gehörte und Gesehene gerne in eine deutsche Zeitung niederlegen und doch könne er sich nicht entschließen einem unbedeutenden Blatt etwas überseeisches zu schiken, weil es dort nicht für Original gelesen würde. Er biethe sich daher für die Allgem. Zeitung als Correspondent an. Ueberdiß ist ihm daran gelegen in Bayern oder Würtemberg diese Briefe bekannt zu machen, da er die Censur für liberaler hält. Liber war nach seiner Rükkehr aus Griechenland ein Jahr lang bey Niebuhr in Rom und wird sich wahrscheinlich auch durch diesen an Sie empfehlen. Auch wünscht er nichtpoliti-

sche Briefe über Amerika, Berichte über Literatur, Schulen, Theater etc in das Morgen-
blatt zu geben. Hitzig wünscht, wenn es möglich wäre baldige Antwort.[7] – – Von Profß.
Pfaff in Erlangen haben wir einige sehr schöne Aufsätze erhalten. »Frühlingsfeier der
Planeten – Anwendung des Galvanismus im Großen – die Hoffnung der Hieroglyphik«.
Ich denke es könnte nicht schaden wenn die Redaction ihm dankte und zu ferneren
Mittheilungen aufmunterte; außerdem daß seine Arbeiten kurz und treffend sind, trägt
er einen schönen Namen in das Verzeichniß der Mitarbeiter ein.[8]

Ich glaubte mich viel kürzer faßen zu können und bitte daher um Entschuldigung
wegen der abgerißenen Blätter.[9]

Schließlich muß ich, auf die Gefahr hin für recht unbescheiden und zudränglich zu
gelten, eine sonderbare Frage wagen. Meine Hausfrau hat mir bis Georgi aufgekündet,
weil sie ihrer Tochter meinen Raum geben will. In Beziehung auf einige Ihrer gütigen
Aeußerungen in Kreith wage ich es daher anzufragen, ob ich, was an Martini vorbereitet
werden müßte, im Fall Sie mit meinen bisherigen Leistungen zufrieden seyn sollten,
gegen Ende April 1828 in Stuttgart ein neues Quartier werde beziehen können? Ich bin
von Ihrer gütigen Gesinnung gegen mich überzeugt, daß Sie diese Frage nur meinen
häußlichen Verhältnißen, nicht aber einer, gewiß übel angebrachten, Unbescheidenheit
zuschreiben werden.[10]

Indem ich bitte der Frau von Cotta für Ihr gnädiges Andenken zu danken und
mich Ihrer ferneren Gewogenheit zu empfehlen, bin ich mit ausgezeichneter Hochachtung,

Hochwohlgeborner, / Sehr verehrter Herr! / Ihr / ganz ergebener Diener /
Dr. Wilhelm Hauff.

[1] Der Brief ist nicht überliefert.
[2] Kreuzer. 60 Kreuzer entsprachen einem Gulden.

[3] Julius Eduard Hitzig (1780–1849), Jurist, Verleger und Schriftsteller, war damals ein Mittelpunkt des Berliner literarischen Lebens. Hauff hatte ihn während seiner Reise kennengelernt.

[4] 1824 gegründete literarische Vereinigung in Berlin, der u. a. Chamisso, Fouqué, Eichendorff und Willibald Alexis angehörten. Während seines Berliner Aufenthalts war Hauff dort auch zu Gast gewesen und hatte seine *Controvers-Predigt* vorgelesen.

[5] Karl von Holtei (1798–1880), Bühnenschriftsteller, Schauspieler und Regisseur, lebte damals in Berlin und gehörte auch der Mittwochsgesellschaft an. Unter ›Liederspiel‹ verstand man ein deutsches Gegenstück zum französischen Vaudeville, ein gefälliges Bühnenstück mit Musikeinlagen, in welcher Gattung Holtei schon früh erfolgreich war.

[6] Dazu kam es nicht, auch weil nun Ludwig Robert Korrespondenzberichte aus Berlin schickte. 1827 lag die Berliner Korrespondenz des *Morgenblatts* hauptsächlich in den Händen der Philosophen Eduard Gans (1797–1839) und Heinrich Gustav Hotho (1802–1873).

[7] Der aus Berlin stammende Franz Lieber (1800–1872) hatte, von Turnvater Jahn (1778–1852) begeistert, als Freiwilliger den letzten Feldzug gegen Napoleon mitgemacht und war anschließend als Burschenschaftler ins Visier der preußischen Polizei geraten, die nach dem Attentat auf den deutschen Schriftsteller und russischen Diplomaten August von Kotzebue (1819) die so genannte ›Demagogenverfolgung‹ inszenierte. Lieber ging daraufhin nach Griechenland, um sich am dortigen Freiheitskampf zu beteiligen, kehrte aber schon bald nach Rom zurück, wo er für einige Zeit Hauslehrer bei dem preußischen Gesandten und Historiker Barthold Georg Niebuhr (1776–1831) wurde. Wieder in Deutschland, wurde Lieber in der Festung Köpenick inhaftiert und erst auf Fürsprache Niebuhrs hin freigelassen, worauf er sich nach London und 1827 nach Amerika wandte, wo er Lehrer am Gymnasium in Boston wurde und sich späterhin als Publizist und Politikwissenschaftler einen Namen machte. In den folgenden Jahren erschienen zahlreiche Beiträge Liebers im *Morgenblatt*.

[8] Der aus Stuttgart stammende Johann Wilhelm Andreas Pfaff (1774–1835) war Professor der Mathematik und Physik. Die genannten Beiträge erschienen in den *Morgenblatt*-Nrn. 223 vom 17. September

(*Bevorstehender gemeinschaftlicher Frühling der Planeten*), 224–227 vom 18. bis 21. September
sowie 236–237 und 239–240 vom 2. bis 6. Oktober 1827.

9   Der Brief besteht aus zwei einzelnen Blättern.

10   Hauff wohnte im früheren Hartmann'schen Haus, Casernenstraße 20 (heute etwa Ecke Leuschnerstraße / Fritz Elsaß-Straße), das damals der Kaufmannswitwe Heimburg (1774–1856) gehörte.
Georgs- (23. April) und Martinstag (11. November) waren Schlüsseltermine für die Aufkündigung
von Mietverhältnissen. Im Hintergrund von Hauffs Anfrage stand die mögliche Verlegung des *Morgenblatts* nach München.

56 | Wilhelm Hauff an die Cotta'sche Buchhandlung. Stuttgart, 14. September 1827.

Ewer Wohlgeboren
ersuche ich nach einem Schreiben Herrn v. Cotta's bey Ackermann in London so schnell
als möglich den Versuch zu machen, ob es sich noch thun ließe, daß wir nur 10 und nicht
13 Bilder erhalten. Geht es nicht mehr so ist es wie vorher, geht es noch so ist es um so
beßer weil diese Kupfer minder gelungen sind. Es sind:

1) the Booroom Slave.

2.) the Hop Girl.

3) the Legend of Mab's Cross.[1]

   Dabey ist nach H. v. Cotta's Weisung so artig und subtil als möglich zu verfahren und
etwa folgendes zu bemerken:

   »Wir geben zu diesen Kupfern einen freien deutschen, von dem englischen beinahe
unabhängigen Text. Zu einer solchen Bearbeitung möchten sich nun die obgedachten
Kupfer nicht wohl eignen, da die Legende v. Mab's Cross zu gedehnt ist, die Gegenstände
der beiden übrigen minderes Intereße für unser Publicum haben.«

Zugleich bitte beifolgende Briefe zu besorgen. Jener an Herrn v. Zedliz in Wien geht am sichersten an die Buchhandlung welche die <u>Aglaia</u> in Wien herausgiebt.[2]

Dieses Blatt Nro. 5. ist aus Laun's Erzählung die ich remittirte zurükgeblieben.[3]

Mit vollkommener Hochachtung

Dr. Wh. Hauff.

Den Brief an Hitzig und Engelmann[4] bitte beizuschließen, wenn Sie ein Paquet per Post <u>bald</u> schiken. Herrmann hat das Paquet, das nicht aufgenommen werden kann, direct an mich geschikt. Bitt[e] es durch Buchhandel nach Frankfurth zu schiken.[5]

[1] Die drei Stiche sind gleichfalls in *Forget me not. A Christmas and New Year's present for 1828*. enthalten. *The Booroom slave* illustriert dort die gleichnamige Erzählung von Sarah Bowditch Lee (1791–1856), ebenso wie *Mab's Cross* die dazugehörige Legende von John Roby (1793–1850) sowie *The Hop Girl* ein entsprechendes Gedicht von Emma Roberts (1794–1840).

[2] Joseph Christian von Zedlitz (1790–1862), österreichischer Schriftsteller, der regelmäßig in dem bei Wallishausser in Wien erscheinenden Taschenbuch *Aglaja* publizierte. Im *Morgenblatt* und auch im Cotta'schen Verlag sollte Zedlitz erst nach 1830 erscheinen.

[3] Der unter dem Pseudonym Friedrich Laun schreibende Friedrich August Schulze (1770–1849) war langjähriger Mitarbeiter des *Morgenblatts*; auch 1827 wurde dort eine Erzählung von ihm, *Der Trauring*, veröffentlicht (Nrn. 31–36 und 38–42 vom 5. bis 17. Februar 1827). Hier geht es offenbar um ein anderes, von Hauff abgelehntes Manuskript.

[4] Gemeint ist der Verleger Joseph Engelmann (1783–1845), der Hauff um einen Beitrag für sein Taschenbuch *Cornelia* gebeten hatte. Hauff sagte ab.

[5] Wohl ein nicht für das *Morgenblatt* angenommenes Manuskript von Heinrich Hermann.

57 | Wilhelm Hauff an die Cotta'sche Buchhandlung. Stuttgart, 20. September 1827.

Ewer Wohlgeboren,

bitten wir durch H. Schwan und Goez[1] in Mannheim dem Verfaßer des Aufsatzes »über Geschmak in der Musik«, die Nummern 224.225 und 227 zu übermachen, mit dem Bemerken, daß wir den Aufsatz »Vergleichende Bemerkungen über Musik und Malerey« in den nächsten Wochen geben werden und ihn ersuchen, den längst versprochenen Aufsatz: »Jean Paul und Beethofen« uns gefälligst zukommen zu laßen.[2]

Ferner habe ich auf der Revision von 225 bemerkt, ich wünsche für den Verfaßer der Romanzen 222.223.224. 1 Eplr. dieser Nummern, habe aber bis jezt noch keines erhalten.[3]

Für Uebersendung eines Theiles der Morgenblattsammlung sage ich Dank.

Hochachtungsvoll / für die Redaction des Mblt. / Dr. Wilhelm Hauff.

Ich ersuche die beiliegenden Runen[4] die zu einem Aufsatz ins Morgenb. gehören <u>sobald als möglich</u> in Holz abformen zu laßen, wenn solches nicht übermäßig theuer kommen sollte.

Hff.

[1] Bekannter, alteingesessener Verlag.

[2] Der Verfasser der genannten Aufsälze, die vom 18. bis 21. sowie am 28. September 1827 (Nr. 233) im *Morgenblatt* erschienen, war der Prediger Leonhard Weydmann (1793–1868). Der letztgenannte Beitrag findet sich dort hingegen nicht.

[3] Es handelt sich um einen dreiteiligen Romanzenzyklus *Herzog Ulrichs erste Liebe*, der in den genannten Nummern des *Morgenblatts* vom 15. bis 18. September 1827 erschien. Verfasser war Hauffs Vetter, der Theologe und Dichter Karl Grüneisen (1802–1878).

[4] Dem Brief liegt ein Blatt mit Runen bei.

58 | Wilhelm Hauff an die Cotta'sche Buchhandlung. Stuttgart, 24. September 1827.

Ewer Wohlgeboren,
Habe ich die Ehre auf Ihr verehrliches zu erwiedern daß diese Runen in dießmaliger Beziehung als Nummern gelten und einzeln
   [folgen zwei Runenzeichen] etc
   vor die einzelnen Capitel gesezt werden. Sie müßen also in 16 Typen geschnitten und so verfertigt werden daß sie wie größere Morgenblattschrift gebraucht werden können.[1]
   Mit ausgezeichneter Hochachtung / Dr. W. Hauff.

[1] Die Runenzeichen wurden für den Vorabdruck der Gedichte des schwedischen Dichters Karl August Nicander (1799–1839) benutzt, die mit einer Einführung von Amalie von Helvig (1776–1831) in der Übersetzung von Gottlieb Christian Friedrich Mohnike (1781–1841) im *Morgenblatt* (Nrn. 241–242, 244–245, 249, 251, 253–254 und 256–257 vom 8. bis 26. Oktober 1827) und dann 1829 in der J. G. Cotta'schen Buchhandlung unter dem Titel *Runen* erschienen.

59 | Wilhelm Hauff an die Cotta'sche Buchhandlung. Stuttgart, 25. September 1827.

Ewer Wohlgeboren!
benachrichtige ich, daß H. v. Cotta in einem Brief, dto München d. 22ᵗ d. M.[1] den Wunsch äußert, es möchte zu dem Damentaschenbuch ein lithographirter Umschlag gefertiget werden. Er wünscht diesen Umschlag nach Art der 2 früheren Ackermann'schen Taschenbücher[2] und ich ersuche Sie daher mir, wenn Sie im Besitz derselben sind, solche zur Einsicht zu übermachen, damit ich die eine oder andere Zeichnung wählen und sie nach dem Wunsche H. v. Cotta's, Ihrer weiteren gütigen Besorgung übergeben kann.

Zugleich zeige ich an, daß H. D. Prof. Schorn nachträglich von dem lezten Aufsatz Gerhardts im Kunstblatt für den Verfaßer 10 Explr. wünscht.[3]

Mit bekannter Hochachtung / Ew. Wohlgeboren /   ergebenster Diener / Dr. Wilh. Hauff.

N.S.

So eben erhalte ich einen Brief von Legations Rath Georg Döring, worinn er anfragt ob er nicht auf sein Honorar für die Erzählung im Morgenblatt (4 Louisd'or per Bogen) und auf seine Novelle im Taschenbuch (5 Louisd'or für 16 Seiten) eine Abschlagszahlung, wenn auch nur für die erstere erhalten könnte?[4] Wenn es der verehrl. Handlung angenehm wäre einen Theil dieser Posten abzutragen, so könnte nach H. Dörings Wunsch diß am besten durch ein solides Haus[5] in Frankfurth geschehen.

Dürfte ich um ein Paar Worte Antwort bitten?

der Obige.

---

[1] Nicht überliefert.

[2] Die früheren Jahrgänge des Taschenbuchs *Forget me not*, das in London seit 1823 erschien.

[3] Gemeint ist vermutlich die Abhandlung *Zur Gemmenkunde*, die in den Nrn. 73–75 des *Kunst-Blatts* vom 10. bis 17. September 1827 erschien; Verfasser war der Archäologe Eduard Gerhard (1795–1867).

[4] Im *Morgenblatt* war in den Nrn. 200–207 und 209–222 vom 21. August bis 15. September Dörings Erzählung *Die Vorurtheile* erschienen, im *Taschenbuch für Damen* die Novelle *Die Neugierigen*.

[5] Bankhaus.

60 | Wilhelm Hauff an die Cotta'sche Buchhandlung. Stuttgart, 28. September 1827.

Ewer Wohlgeboren,

angeführte Gründe wegen Dörings Honorar finde ich ganz in der Ordnung; ich wünsche nur, weil Dörings Bitte um eine AbschlagsZahlung etwas dringend schien, daß Sie ihm unterdeßen, bis H. v. Cotta wieder hier ist und das plus auch Ihnen genehmigt, wie er es für Döring gethan hat, ihm das Honorar wie gewöhnlich à f 33 berechnen und das Facit als Abschlagszahlung seine[s] Honorars bey Morgenblatt und Damentaschenbuch übermachen.[1]

Zugleich bitte ich um Ihre gütige Hülfe in folgen[dem] Fall. Ich habe die Nummern 1 Septbr – 18ten Sept einer Familie geliehen, die eben heute verreist ist und doch soll heute das Verzeichniß für Septbr gefertiget werden. Ich bitte Sie daher, Sie möchten mir gütigst nur auf Heute diese Nummern leihen.

Würde der Vorschlag über Döring genehm seyn, so würde ich einen Brief an ihn beyschließen.

Mit ausgezeichneter Hochachtung / Dr. W. Hauff.

[1] Dörings *Morgenblatt*-Honorar betrug offenbar (wie dasjenige Hauffs) 4 Louisd'or oder 44 Gulden pro Bogen.

61 | Wilhelm Hauff an Johann Friedrich Cotta. Stuttgart, 29. September 1827.

Hochwohlgeborner / Sehr verehrter Herr!

Vollkommen einverstanden mit dem Plan, einen der Kupf. Umschläge copiren zu laßen übersende ich anbey das Taschenbuch von 1827, und erlaube mir folgende Bemerkungen:

a) die Rükseite (Pallas) kann ohne alle Abänderung gebraucht werden. Bey der Vorder Seite müßten Aenderungen gemacht werden, die ich allein nicht wage. Wird das Wappen ganz wegfallen, weil es ein engl. ist, so kann der Titel etwa nach beiliegendem Umriß geschrieben werden. Sollten Sie aber vielleicht ein baierisches (oder würtembergisches) Wappen an die Stelle setzen wollen?[1]

b.) Glaube ich daß dieser Umschlag in München schneller und vielleicht schöner gemacht werden könnte, denn unsere hiesigen Lithographen haben uns nicht nur in Rüksicht auf Reinlichkeit, sondern auch auf Zeit betrogen und gegenwärtig wird schon der Bogen 7 fertig gedrukt. Sollten Sie München vorziehen so kann die Höhe des Umschlags am engl. Taschenbuch auch für das Ihrige als Norm gelten, bei der Dicke müßte aber darauf Rüksicht genommen werden, daß das Damentaschenbuch nur etwa 24–26 Bogen in 16 enthalten wird.[2]

Diese Bemerkungen erlaubte ich mir; zum Dank, daß Sie mich um Rath zu fragen die Güte hatten, heißt diß freilich beinahe lästig seyn.

An Hitzig habe ich geschrieben; er wird Ihnen, als Libers Bekannter sehr dankbar seyn.

Wie oft denke ich daran, ob Sie denn in der Ferne auch mit dem Morgenblatt zufrieden sind? Der lezte Monat hatte an Pfaffs Aufsätzen, an Schuberts Correspondenz, an einigen hübschen französ. Aufsätzen einen schönen Schmuk. Dem nächsten Monat wird eine Uebertragung berühmter schwedischer (kleinerer) Gedichte und eine Erzählung des bekannten L. Kruse wohl anstehen[3] auch lebe ich der schönen Hoffnung, nach mehrfacher Correspondenz hin und her, Aufsätze von dem berühmten Weltumsegler A. Chamisso zu erhalten, den ich in Berlin kennen lernte. Er hat den größten Theil seiner Reise Notizen noch nicht herausgegeben, und ich schlug ihm als Gegenstände die sich für d. Morgenblatt eignen möchten, Sitten-Parallelen zwischen nördlichen und südlichen civilisirten und wilden Völkern vor, gemischt mit Aufführung von nationellen Zügen, die Chamisso trefflich zu beschreiben pflegt, u. s. w.[4]

Wird wohl Börne keine Aufsätze mehr einsenden?[5]

Zum Schluß erlauben Sie mir, nebst meiner gehorsamsten Empfehlung, für gnädige Frau eine stuttgarter Stadtneuigkeit beizufügen. Dr. Hermann Hauff hat sich nemlich mit einer Mlle. Braun feierlichst versprochen und diese meine zukünftige Schwägerin befindet sich gegenwärtig hier in meinem Hause.[6]

Mit ausgezeichneter Verehrung, / Ewer Hochwohlgeboren, / ganz ergebener Diener / D. Wilh. Hauff.

---

[1] Das *Taschenbuch für Damen auf das Jahr 1828* zeigt auf der Rückseite des Einbands die angesprochene Pallas-Figur, die Vorderseite enthält die Aufschrift »Taschenbuch für Damen. 1828«, die von einer den Umrisslinien eines Wappens folgenden floralen Arabeske umrahmt ist.

[2] Irrtum Hauffs. Das Format des *Taschenbuchs* ist Kleinoktav; es enthält 28 ½ Bogen zu 16 Seiten.

[3] Von Kruse erschien in den Nrn. 237–247 und 249–255 des *Morgenblatts* vom 3. bis 24. Oktober 1827 *Die Kunstreiterfamilie. Dem Dänischen des B. S. Ingemann nacherzählt.*

[4] Der Dichter Adelbert von Chamisso (1781–1838) nahm als Naturwissenschaftler (»Titulargelehrter«) in den Jahren 1815–18 an einer russischen Weltumsegelung teil. 1827 und 1828 erschienen keine Beiträge von ihm im *Morgenblatt.*

[5] Von Ludwig Börne, der in früheren Jahren und auch noch 1827 viel zum *Morgenblatt* beigesteuert hatte, erschienen 1828 lediglich einige Rezensionen im *Literatur-Blatt.*

[6] Hermann Hauffs Verlobte Friederike Braun (1811–1880), war die Tochter des Amtmanns in Schwaigern, wo Hauff 1823–25 als Arzt praktiziert hatte. Sie war eine Verwandte von Friederike Robert, geborene Braun.

62 | Wilhelm Hauff an die Cotta'sche Buchhandlung. [Stuttgart, 29. September 1827].[1]

Ewer Wohlgeboren,

ersuche ich beifolgendes engl. Taschenbuch mit dem Briefe[2] womöglich noch heute Abend an Herrn v. Cotta abgehen zu laßen.

    Mit bekannter Hochachtung / Dr. Wilh. Hauff.

[1] Datiert nach dem Eingangsvermerk der Buchhandlung.

[2] Brief Nr. 61 sowie das Taschenbuch *Forget me not* auf das Jahr 1827. Cotta befand sich noch in München.

63 | Wilhelm Hauff an Johann Friedrich Cotta. Stuttgart, 1. Oktober 1827.

Ewer Hochwohlgeboren,

wollte ich Sonnabend innliegenden Brief, nebst Almanach schiken; die Handlung schikte ihn mit der Bemerkung zurük, daß Sie heute selbst zurükkehren werden und ich nehme mir die Freiheit beides, nebst den Kupfern zur Einsicht zu übergeben, da vielleicht der Umschlag Eile haben möchte.

    Von den Kupfern sind: the booroom Slave, the legend of Mab's Cross, und the Hop Girl diejenigen welche Ackermann als ungenügend angezeichnet wurden. Wenn Sie die Blätter eingesehen haben, erbitte ich solche zurük, da zu einigen der Text noch zu fertigen ist.

    Mit Glükwünschen zu glüklicher Ankunft und ausgezeichneter Verehrung / Ewer Hochwohlgeboren / ganz ergebener Diener / Dr. Wilh. Hauff.

64 | Wilhelm Hauff an Johann Friedrich Cotta. Stuttgart, 9. Oktober 1827.

Ewer Hochwohlgeboren,
übersende ich beiliegend einen Brief, der an Knapps Correspondenz angeheftet war.[1]
Ich habe die zum Morgenblatt gehörige Rükseite abgeschrieben, damit der Brief ganz zu
Ihrer Verfügung seyn möchte. Wegen Knapp's möchte ich einen kleinen Wunsch vortra-
gen. Er ist nemlich in Auswahl der Stüke die er für d. Morgenblatt übersezt nicht sehr
vorsichtig; er schikt Uebersetzungen von Büchern, die meistens längst in Deutschland
sind und übersezt werden. Sodann fängt er eine solche Uebersetzung an, verspricht die
Fortsetzung und wir können das Ganze nicht geben bis der endliche Schluß hier ist.
Während dieser Zeit können dann diese Bücher längst ins Publicum gekommen seyn.
Es war diß in diesem Frühling mit dem III! Band der Memoiren des Grafen Segür der Fall,
die mir übersezt und gedrukt zugeschikt wurden, während wir erst den Schluß von
Knapp abwarten mußten; es ist diß jezt wieder der Fall mit den Memoires d'une contemporaine, deren Anfang er in diesem Briefe gibt, deren Fortsetzungen er verspricht und
die gegenwärtig hier, von der berühmten Fabrique übersezt, schon gedrukt werden.[2] Ich
schlage daher vor H. Knapp zu ersuchen, er möchte sich mit den bedeutendern pariser
Verlagshandlungen in Correspondenz setzen, damit er neuestes, und schnell geben
könne.
   Nach Ihrem früher geäußerten Wunsche, am Anfang eines Vierteljahrs die Rechnung
von dem verfloßenen zu berichtigen lege ich die Rechnung von Juli–September d. J. bey,
mit dem Bemerken, daß mir f 150 welche ich im Lauf des Septembers auf Abschlag von
der Handlung erbeten und erhalten habe, davon abzuziehen sind.
   Mit ausgezeichnetster Verehrung / Ewer Hochwohlgeboren / ganz ergebener Diener /
D. W. Hauff.

[1] Diese Pariser Korrespondenz wurde in Nr. 252 des *Morgenblatts* vom 20. Oktober 1827 abgedruckt.

[2] Es handelt sich um das Werk der französischen Autorin Ida Saint-Elme (1776–1845) *Mémoires d'une contemporaine ou souvenirs d'une femme sur les principaux personnages de la République, du consulat, de l'empire etc.*, das 1827 in Paris erschienen war. Die deutsche Ausgabe aus der Franckh'schen ›Übersetzungsfabrik‹ trägt den Titel *Bekenntnisse einer schönen Frau oder Erinnerungen, Anekdoten und Liebesgeschichten der ausgezeichnetsten Personen, welche zur Zeit der Französischen Republik, des Consulats und des Kaiserreichs in Europa geglänzt haben.* Ein Nebentitel lautet *Aus dem Leben und den Memoiren einer weiblichen Casanova.* Das *Morgenblatt* brachte nichts daraus.

64 a | Hermann Hauff an Johann Friedrich Cotta. Stuttgart, 13. Oktober 1827.

Ich habe diesen Morgen nicht die Ehre gehabt Ew. Hochwohlgeboren zu sprechen, und sehe mich genöthigt diesen Mittag Stuttgardt in Familienangelegenheiten auf etwa 8 Tage zu verlassen.[1] Die Dispositionen für das Morgenblatt sind so getroffen, daß wie ich hoffe, die Sache ungestört ihren Gang gehen wird.[2] Sollten Ew. Hochwohlgeboren neue Schriften bekommen, die Sie durchgesehen oder bearbeitet wünschten, so bitte ich dieselben meinem Bruder zu schiken, der Gelegenheit hat sie mir zukommen zu lassen. In Kurzem werde ich auch die Ehre haben Ew. Hochwohlgeboren einige von mir verfaßte Aufsätze naturhistorischen Inhalts für das Mblatt zu übergeben, die ich in der Muße der Reise zu vollenden denke.[3]

Ich habe die Ehre zu seyn / Ew. Hochwohlgeboren / ergebenster / Dr. H. Hauff.

[1] Hermann Hauff fuhr nach Brackenheim, wo er am 16. Oktober 1827 Friederike Braun heiratete.

[2] Offenbar vertrat Hermann Hauff seinen im Oktober 1827 erkrankten Bruder bei der Redaktion des *Morgenblatts*.

[3] Vielleicht *Entdeckung von Mammouthsknochen im Birmanischen Reiche* in der Nr. 295 des *Morgenblatts* vom 10. Dezember 1827 oder *Das Krokodill und der Trochilus* in der Nr. 36 vom 11. Februar 1828.

65 | Wilhelm Hauff an die Cotta'sche Buchhandlung. [Stuttgart, 29. Oktober 1827].[1]

Euer Wohlgeboren
Uebersende anbey einen Brief und Wechsel der an mich statt an Sie abgeliefert wurde.[2]
  Mit vollkommener Hochachtung / ergebenster / Dr. W. Hauff.

[1] Datiert nach dem Eingangsvermerk der Buchhandlung.
[2] Nicht ermittelt.

66 | Wilhelm Hauff an die Cotta'sche Buchhandlung. Stuttgart, 1. November 1827.

Ewer Wohlgeboren
erhalten anbey die Nummern 8901. 8902. 8874. 8968. welche ich zu remittiren bitte.[1]
Mit bekannter Hochachtung
  Ihr ergebener Diener / Dr. Wilh. Hauff.

[1] Es handelt sich um durchnummerierte Einsendungen für das *Morgenblatt*. Was sich dahinter verbirgt, war nicht zu ermitteln.

67 | Wilhelm Hauff an Johann Friedrich Cotta. Stuttgart, 2. November [1827].

Hochwohlgeborner / Sehr verehrter Herr!

Ich vernehme daß Sie uns morgen verlaßen werden[1] und bin so frei Ihnen noch in Kürze einiges Nothwendige vorzutragen, wozu Sie mich Selbst aufgefordert haben.

1. Den Verfaßern der Erzählungen im Almanach wurde das Honorar zugleich mit Erscheinen desselben (doch nie zuvor) ausbedungen. Ich gebe deßwegen die Addreßen: (W. Alexis) Kammergerichtsreferendär Häring in Berlin und LegationsRath Döring in Frankfurth und bemerke daß von Ihnen jedem 5 Louisd'or (à 11 f) per Bogen zugesichert wurden.

2. Bekommt, wie bey anderen Taschenbüchern, jeder Mitarbeiter 1 Expl. (einige bekommen dieß als Lohn, wie M. Beer, Matthisson und ich denke auch Schenk wird nichts nehmen, wenn Sie mit ihm sprechen). Mit Vergnügen zeige ich mich bereit die nöthigen Briefe hiezu an die Verfaßer zu schreiben und der Handlung zur Besorgung mit den Exemplaren zu übergeben.

3. Wünsche ich zu wißen (natürlich wegen der Anordnungen bald) ob Sie mir für das künftige Jahr wiederum die Leitung dieses Taschenbuches übergeben werden? In diesem Fall wünschte ich, daß Dr. Heyne[2] Theilnehmer wäre, und daß etwa Sie zu einer gelegenen Stunde an Ihn schreiben möchten, da ich nicht mit ihm in Verbindung bin.

Ich werde, wahrscheinlich noch im Laufe dieses Monats, Ihnen einen Aufsatz vorlegen, der wenn er Ihre Genehmigung erhielte, im Morgenblatt erscheinen könte. Er wird Bemerkungen über deutsche Sitten und Leben, in humoristischem Ton enthalten. Für das erste Halbjahr des nächsten Jahres trage ich mich mit einer kleinen Erzählung für das Morgenblatt, die ich in den kommenden Winter-Abenden niederzuschreiben hoffe. Sollten Sie etwa länger als einen Monat von hier abwesend seyn, so werde ich in dieser Zeit Herrn Kammerherrn v. Cotta eine Correspondenz über Stuttgart zu gütiger Beurtheilung überreichen.[3]

An v. Freiberg habe ich geschrieben und ihm die Art angedeutet, wie wir etwa seine Beiträge brauchen könnten.[4]

Indem ich um Entschuldigung bitte, Sie am lezten Tag noch gestört zu haben, bin ich mit Glükwünschen für Ihre Reise, wie mit ausgezeichneter Verehrung

Ewer Hochwohlgeboren / ganz ergebener Diener / Dr. Wilhelm Hauff.

[1] Cotta hielt sich den November über in München auf.

[2] Gemeint ist Heinrich Heine (1797 – 1856), der nur wenige Tage darauf mit Cotta übereinkam, dessen *Neue allgemeine politische Annalen* von München aus zu redigieren oder, wie er selbst sich ausdrückte, »Liberalenhäuptling in Bayern« zu werden. Das *Taschenbuch für Damen auf das Jahr 1829* sollte in der Tat Gedichte von Heine bringen.

[3] Diese Pläne konnte Hauff allesamt nicht mehr verwirklichen.

[4] Gemeint ist der Münchner Ministerialrat und Archivar Max Prokop Frh. von Freyberg (1789 – 1851), schon seit mehreren Jahren Beiträger v. a. zum *Kunst-Blatt*.

68 | Wilhelm Hauff an Johann Friedrich Cotta. Stuttgart, 5. November 1827.

Hochwohlgeborner / Sehr verehrter Herr!

Ihr verehrtes Schreiben[1] habe ich erhalten und beeile mich, es zu beantworten. Ich werde mit Vergnügen die Besorgung des Almanachs auf 29 übernehmen und wie in dießem Jahr Ihnen womöglich im April 1828 das vollständige Manuscript zu überreichen suchen. Denn Sie werden Sich zu erinnern die Gnade haben, daß ich am 1! April Ihnen den vollständigen Almanach überreichte, daß Sie aber den Druk lieber bis zur Ankunft der Kupfer ausgesezt laßen wollten. Bey Herrn Heyne müßte daher auch die Bedingung beigefügt werden, daß er seine Arbeit im Laufe März abliefere.

Ich werde das angedeutete Msct. für das Morgenblatt noch in diesem Monat abliefern. Die »Phantasieen« über welche Sie mit meinem Bruder sprachen, habe ich schon in Berlin der neuen Redaction des Berliner Conv.blattes versprochen[2] und habe diß auch im Januar dieses Jahres Ihnen zu sagen die Ehre gehabt, mit der Bemerkung, daß ich von nun an kein Blatt etwas schiken werde, außer was Sie Selbst für das Morgenblatt nicht paßend finden sollten; diß werde ich auch immer gewißenhaft halten. Leider haben mir neuerdings wieder Winkelblätter Novellen aus Taschenbüchern nachgedrukt,[3] freiwillig habe ich seitdem ich Ihr Blatt besorge, keinem andern Blatt etwas gegeben.

Die Anzeige habe ich sogleich entworfen und der Handlung geschikt.[4] Weil Sie Sich gerade in München befinden, so erlaube ich mir, einen Plan vorzutragen der sich vielleicht für den nächsten Jahrgang des Almanachs noch in Ausführung bringen ließe. Ich meine ob nicht der junge Förster, der unter Cornelius die Fresken mahlt, dazu gebraucht werden könnte die Scenen aus den Niebelungen, die einst die Residenz zieren sollen, oder auch die im Bazar, schön für das Taschenbuch zu zeichnen.[5] Zum mindesten wäre es etwas neues, bedeutendes. Doch sind leider unsere Kupferstecher immer hinter den Zeichnern zurükgeblieben, denn der heurige Jahrgang ist außer einigen ganz schlecht. Diese haben aber gute Wiener Kupfer (z. B. die Rosen) meistens von Stöber und David Wyß zart und weich gestochen, doch reichen sie weit nicht an die englischen.[6] – Freilich haben die Deutschen gegenwärtig keine sehr hohe Begeisterung mehr für die Niebelungen und höchstens könten der Kunstsinn des Königs v. B. und Cornelius einiges Intereße daran wieder erweken.[7]

Indem ich bitte der gnädigen Frau meine tiefe Verehrung zu sagen, bin ich mit ausgezeichneter Hochachtung / Hochwohlgeborner / Sehr verehrter Herr! / Ihr / ganz ergebener Diener / Wilhelm Hauff.

[1] Nicht überliefert.

[2] Die *Phantasien im Bremer Rathskeller* waren in den Nrn. 90–103 des *Berliner Conversations-Blatts* vom 7. bis 25. Mai 1827 erschienen.

[3] Solche Nachdrucke sind bisher nicht nachgewiesen. Die Wiener Zeitschrift *Der Sammler. Ein Unterhaltungsblatt* druckte etwa *Die letzten Ritter von Marienburg* aus dem *Frauentaschenbuch für das Jahr 1828* nach, allerdings erst vom 31. Mai 1828 an (Nr. 66 ff.)

[4] Eine zweite Anzeige für das *Taschenbuch für Damen auf das Jahr 1828* ist nicht bekannt. Es müßte sich denn um einen Text handeln, der in eine der Besprechungen des *Taschenbuchs* in den Cotta'schen Blättern eingeflossen ist, etwa in die mit »C« unterzeichnete Münchner Korrespondenz im *Hesperus* Nr. 312 vom 29. Dezember 1827.

[5] Gemeint ist der Maler und Kunsthistoriker Ernst Förster (1800–1885), Jean Pauls Schwiegersohn und später noch Herausgeber des *Kunst-Blatts*, der damals unter der Leitung von Peter Cornelius (1783–1867) an der Ausmalung der von dem Architekten Leo von Klenze (1784–1864) errichteten Gebäude um den Münchner Hofgarten beteiligt war. Die Nibelungen-Fresken der Residenz stammen allerdings von dem Maler Julius Schnorr von Carolsfeld (1794–1872) und wurden erst 1831 begonnen. Das *Taschenbuch für Damen auf das Jahr 1829* enthielt wie sein Vorgänger zehn Kupferstiche aus dem englischen Taschenbuch *Forget me not* (1829).

[6] Hauff meint hier den Jahrgang 1828 der Taschenbücher und Almanache. Die von Karl Winkler herausgegebenen *Rosen* enthalten Kupferstiche der Wiener Stecher Joseph (1768–1852) und Franz Xaver Stöber (1795–1858) sowie David Weiß (1775–1846). Hauffs abweichende Schreibweise ist wohl der Erinnerung an den Schweizer Schriftsteller Johann David Wyß (1743–1818) geschuldet.

[7] Nach der damals doch schon einige Zeit zurückliegenden Wiederentdeckung des *Nibelungenlieds* und einem ersten Interesse daran, war die national überbordende Nibelungen-Begeisterung des 19. Jahrhunderts, für die Friedrich Hebbel (1813–1863) und Richard Wagner (1813–1883) stehen mögen, noch nicht abzusehen. Die von dem kunstbegeisterten bayrischen König Ludwig I. (1786–1868) angeregten Münchner Nibelungen-Fresken haben sicherlich ihren Teil zu der Nibelungen-Renaissance beigetragen.

69 | Wilhelm Hauff an die Cotta'sche Buchhandlung. [Stuttgart, 6. November 1827].[1]

Ewer Wohlgeboren!

erhalten hier zu weiterer Besorgung eine Anzeige des Damentaschenbuchs, welche sogleich zu fertigen H. v. Cotta in einem Brief aus München mir aufgetragen hat. Angenehm wäre mir wenn ich eine Correctur davon erhalten könnte.

    Hochachtungsvoll / Ihr / ergebenster Diener / Dr Wilh. Hauff

    Bitte den Brief an H. v. C. sogleich zu besorgen.[2]

    Verte![3]

[1] Datiert nach dem Eingangsvermerk der Buchhandlung.

[2] Brief Nr. 68.

[3] Normalerweise ein Hinweis, das Blatt umzuwenden. Hier unklar, da die Rückseite des Blattes leer ist.

70 | Wilhelm Hauff an die Cotta'sche Buchhandlung. Stuttgart, 6. November 1827.

Ewer Wohlgeboren!

bitte ich mir ehe Sie die Exple des Taschenbuchs verschiken, solches anzuzeigen, weil den Herren Streckfuß W. Alexis in Berlin und Michael Beer in Berlin, Herrn v. Schenk in München, und Herrn Döring in Frankfurth, jedem ein Autor Explar zuzuschiken sind und ich jedem einen Brief beilegen muß. Sodann bitte ich mir für Herrn Schwab, Grüneisen, Matthisson und für mich ebenfalls Autor-Exemplare zu schiken, obgedachten Herren werde ich sie selbst zuschiken. Mit bekannter Hochachtung

    Dr. W. Hauff.

71 | Wilhelm Hauff an die Cotta'sche Buchhandlung. Stuttgart, 10. November 1827.

Ewer Wohlgeboren

haben mir auf meinen lezten Brief, worinn ich Sie bat, ehe Sie die Autor-Exemplare
abschikten, mir solches anzuzeigen, damit ich Briefe beilegen könnte, noch keine
Antwort gegeben. Ich vermuthe die Explre werden noch nicht soweit gediehen seyn;
doch wünsche ich mein AutorExemplar bald zu erhalten. Zugleich ersuche ich Sie mir,
wenn es Ihnen gefällig ist, f 300 zu übermachen und solche in Rechnung zu stellen.
Indem ich einer baldigen Erfüllung dieses Wunsches entgegensehe bin ich mit bekannter
Hochachtung Ihr ganz ergebener Diener / Dr. Wilhelm Hauff.

72 | Wilhelm Hauff an die Cotta'sche Buchhandlung. Stuttgart, 10. November 1827.

Von der J. G. Cottaschen Buchhandlung dreihundert Gulden f 300 empfangen zu haben
   T. Dr. Wilhelm Hauff.

73 | Wilhelm Hauff an die Cotta'sche Buchhandlung. Stuttgart, 10. November 1827.

Ewer Wohlgeboren

Uebersende anbey nach Wunsch 3 Brief[e] nach Berlin an Autoren im Almanach.[1]
Auswärts müßen noch an Döring in Frankfurth und v. Schenk in München geschikt
werden. Hierselbst an Profeß. G. Schwab und HofCaplan Grüneisen. Ferner für v.
Matthisson, für welchen das Expl. mir zu übergeben bitte, da er gegenwärtig von

Stuttgart abwesend ist. Beiliegendes Gedicht bitte ich an seine Addreße zurükzuschiken, da es für das Morgenblatt nicht paßend ist.[2]

Mit bekannter Hochachtung / ergebener Diener / Dr. W. Hauff.

[1] Wohl an Willibald Alexis, Streckfuß und Beer. Der erste davon wurde nach Hauffs Tod im *Berliner Conversationsblatt* Nr. 241 vom 6. Dezember 1827 veröffentlicht. (Vgl. Wilhelm Hauff, *Werke*, hrsg. von Hermann Engelhard, Bd. 2, Stuttgart 1962, S. 915 f.)

[2] Nicht ermittelt.

73 a | Hermann Hauff an Johann Friedrich Cotta. Stuttgart, 19. November 1827.

Hochwohlgeborner Herr

Mit tiefem Schmerze entledige ich mich der Pflicht Sie von dem Tod meines Bruders zu benachrichtigen, eine Nachricht, die Sie gewiß sehr überraschen wird, da Sie ihn gesund oder doch blos unpäßlich verließen. Ein nervöses Fieber machte gestern, als der kurze, stürmische Ausbruch eines längern Unwohlseyns, seinem schönen Leben ein Ende.

In meinem großen Schmerze tröstet mich nur der süße Gedanke, daß er starb im Vollgenusse der Freuden seines Standes, ehe er seine Schmerzen und Leiden gekostet; er hinterläßt unserem und seiner Freunde Andenken ein ungetrübtes, schönes Bild; ich bin überzeugt, daß auch Sie unsern Schmerz mitfühlen und dem Vollendeten Ihre Theilnahme nicht versagen werden.

Was die Redaktion des Morgenblatts betrifft so versteht es sich von selbst, daß ich dieselbe besorge, bis ich Ihre näheren Befehle darüber vernehmen werde; nur war ich so frei in den lezten Tagen der Krankheit und bis nach der Beerdigung mir von Ihrem Herrn

Sohn Urlaub zu erbitten; Sie werden leicht fühlen, daß ich körperlich und geistig zu allem unfähig bin.

In der Hoffnung mich bald mündlich mit Ihnen besprechen zu können und mit der Bitte mich der gnädigen Frau gehorsamst zu empfehlen habe ich die Ehre zu seyn

Ew. Hochwohlgeboren / ergebenster / Dr. Hermann Hauff.

S. 123 Wilhelm Hauff an Johann
Friedrich Cotta, 19. Juni 1827.

S. 124 Wilhelm Hauff. Zeichnung von
J. Behringer (1826).

S. 125 Johann Friedrich Cotta.
Lithographie von unbekannter Hand
(o. J.).

S. 126 *Morgenblatt für gebildete Stände*
vom 18. November 1826. Mit dem
Beginn von Hauffs Novelle
Die Bettlerin von Pont des arts.

23.

123

Stuttgart. 19. Jun. 1827.

Hochwohlgeborner
Sehr verehrter Herr!

Ich nehme mir die Freiheit Ihnen anliegend eine
Novelle: "Tod = Nuß", von meiner Hand, zu übersenden, ent-
fer zu Ihrer Disposition stellt, im Fall Sie es gut finden
den, solche im Morgenblatt erscheinen zu lassen.

Ich habe versucht ein möglichst lebendiges Bild einer für
unser Vaterland so verhängnißvollen Zeit zu geben, ohne
jedoch irgend ein Interesse gegenwärtig lebender, hoher oder
niederer Personen zu verletzen. Diese Novelle hat mich,
ich gesteh es, nicht geringe Mühe gekostet, einmal weil ich mir
nach den genauesten Quellenstudien selbst ausarbeiten
wollte, und dann — weil es sehr schwierig war, ein umfassendes
Bild zu einem so kleinen Rahmen zu fassen. Um so
mehr würde ich mich freuen, wenn diese Arbeit den Beifall einer Macht erringen würde, die mit der Geschichte
des Landes, wie mit den Schönheits=Gesetzen der Literatur gleich
vertraut, einer ausgezeichnetsten Hochachtung und Verehrung
bezieht, wo mit auch jetzt bin

Euer Hochwohlgebornen

ganz ergebener Diener

Dr. Wilhelm Hauff.

Joh. Friedr. Freiherr von Cotta

Nro. 276.

Morgenblatt
für
gebildete Stände.

Sonnabend, 18. November 1826.

Das Geheimniß ist — der Weiber
Macht auf unsre Männerherzen.

aus dem Cid.

Die Bettlerin vom Pont des arts.

Novelle von Wilhelm Hauff.

Wer vor etwa zwey Jahren Abends hie und da in den Gasthof zum König von England in Stuttgart kam, oder Nachmittags zwischen zwey und drey Uhr in den Anlagen auf dem breiten Weg promenirte, muß sich, wenn anders sein Gedächtniß nicht zu kurz ist, noch einiger Gestalten erinnern, die damals jedes Auge auf sich zogen. Es waren nämlich zwey Männer, die ganz und gar nicht unter die gewöhnlichen Stuttgarter Trinkgäste oder Anlagenspaziergänger paßten, sondern eher auf den Prado zu Madrid oder in einen Café zu Lissabon oder Sevilla zu gehören schienen. Denket euch einen großen hagern Mann mit schwärzlich grauen Haaren, tiefen brennenden Augen, von dunkelbrauner Farbe, mit einer kühn gebogenen Nase und feinem eingepreßtem Munde. Er geht langsam, stolz und aufrecht. Zu seinen schwarz-seidnen Unterkleidern und Strümpfen, zu den großen Rosen auf den Schuhen und den breiten Schnallen am Kniegürtel, zu dem langen dünnen Degen an der Seite, zu dem hohen, etwas zugespitzten Hut mit breiter Krempe, schief in die Stirn gedrückt, wünscht ihr, wenn euch nur einigermaßen Phantasie inne wohnt, ein kurzes geschlitztes Wams und einen spanischen Mantel statt des schwarzen Fracks, den der Alte umgelegt hat.

Und der Diener, der ihm eben so stolzen Schrittes folgt, erinnert er nicht durch das spitzbübische dummdreiste Gesicht, durch die fremdartige grelle Kleidung, durch das ungenirte Wesen, womit er um sich schaut, Alles angafft und doch nichts bewundert, an jene Diener im spanischen Lustspiel, die ihrem Herrn wie ein Schatten treu, an Bildung tief unter ihm, an Stolz neben ihm, an List und Schlauheit über ihm stehen? Unter dem Arm trägt er seines Gebieters Sonnenschirm und Regenmantel, in der Hand eine silberne Büchse mit Zigarren und eine Lunte.

Wer blieb nicht stehen, wenn diese Beyden langsam durch die Promenade wandelten, um ihnen nachzusehen? Es war bekanntlich niemand anders als Don Pedro di San Montejo Liges, der Haushofmeister des Prinzen von P., der sich zu jener Zeit in Stuttgart aufhielt, und Diego, sein Diener.

Wie es oft zu gehen pflegt, daß nur ein kleines geringes Ereigniß dazu gehört, einen Menschen berühmt und auffallend zu machen, so geschah dieß auch mit dem jungen Fröben, der seit einem halben Jahre (so lange mochte er sich wohl in Stuttgart aufhalten) alle Tage Schlag zwey Uhr durch das Schloßportal in die Anlagen trat, dreymal um den See und fünfmal den breiten Weg auf und nieder ging; an allen den glänzenden Equipagen, schönen Fräulein, an einer Masse Direktoren, Räthen und Lieutenants vorüberkam und von Niemand beachtet wurde, denn er sah ja aus wie ein ganz gewöhnlicher Mensch von etwa 28 bis 30 Jahren. Seitdem er aber eines Nachmittags im breiten Wege auf den Pedro gestoßen, solcher ihn gar freundlich gegrüßt, seinen Arm traulich in den seinigen geschlo-

Helmuth Mojem
Nachwort

1 Vgl. zur ›kritischen‹ Sicht auf Hauff:
Helmut Bachmaier, »Die Konzeption der
Arrivierung. Überlegungen zum Werke
Wilhelm Hauffs«, in: *Jahrbuch der
Deutschen Schillergesellschaft* 23
(1979), S. 309 – 343; Bettina Clausen,
»Schriftstellerarbeit um 1825.
Autonomes und kopiertes Wert-
Verständnis am Muster Wilhelm Hauff«,
in: *Vom Wert der Arbeit. Zur literari-
schen Konstitution des Wertkomplexes
»Arbeit« in der deutschen Literatur
(1770 – 1930)*, hrsg. von Harro
Segeberg, Tübingen 1991,
S. 159 – 193; Susanne Fischer,
»Wilhelm Hauffs Korrespondenz mit
Autoren, Verlegern und Herausgebern.
Aspekte sozialer Tauschbeziehungen
im literarischen Leben um 1825«, in:
*Archiv für Geschichte des Buch-
wesens* 37 (1992), S. 99 – 166. –
Ein ausgewogeneres Bild des Autors
zeichnet sich in der neueren For-
schungsdiskussion ab. Vgl. dazu
exemplarisch die beiden Sammelbände:
*Wilhelm Hauff. Aufsätze zu seinem
poetischen Werk*, hrsg. von Ulrich
Kittstein, St. Ingbert 2002, und
*Wilhelm Hauff oder Die Virtuosität der
Einbildungskraft*, hrsg. von Ernst
Osterkamp, Andrea Polaschegg und
Erhard Schütz, Göttingen 2005.

Der retrospektive Blick auf Wilhelm Hauffs Leben wird bestimmt durch seinen frühen Tod. Aber nicht nur die Wahrnehmung der Biografie, auch die Beurteilung des Werks ist
in entscheidender Weise von der Tatsache geprägt, dass
der Autor nicht einmal das 25. Lebensjahr vollenden konnte.
Allerdings hat sich dieser Umstand wirkungsgeschichtlich in
zweifacher, durchaus gegensätzlicher Weise niedergeschla-
gen. Meinten die einen, dass es sich bei Hauffs Schriften um
die bewundernswerten Schöpfungen eines Frühvollendeten
handelt, so sahen die anderen darin juvenile Hervorbrin-
gungen minderer Qualität, die allein durch die Chuzpe des
Verfassers und durch die Blindheit der Kritik zu Klassikern
des bürgerlichen Bücherschranks avancierten.[1] Mag man als
Literarhistoriker also Hauffs vorzeitiges Ende betrauern und
elegisch vom verfrühten Verglühen eines Genies sprechen
oder ihn in skeptischer Betrachtungsweise einen schon in
jungen Jahren abgebrühten Erfolgsschriftsteller und umtriebigen Almanachliteraten nennen – in einem Punkt treffen
sich die beiden an sich unvereinbaren Ansichten dann doch
wieder, nämlich in der Frage, was aus Hauff geworden wäre,
wenn er länger gelebt hätte. Wie nicht anders zu erwarten,
gibt es auch hier zwei Antworten, doch kann man jenseits der
ästhetischen Bewertung des Werks, das zudem noch recht
heterogen ist, eines mit ziemlicher Sicherheit behaupten:
Hauff hätte seinen Lebens- und Karriereplan zielstrebig ver-
folgt. Diese Eigenschaft des jungen Mannes lässt sich aus den
biografischen Zeugnissen, vor allem den Briefen, für die kurze Lebensspanne, die ihm vergönnt war, eindeutig belegen –
und wohin sonst hätte ihn diese Zielstrebigkeit führen sollen
als zu Cotta, der großen Buchhandelsfirma seiner Heimat-

stadt Stuttgart, dem Verlag Goethes und Schillers, dem publizistischen Imperium des »Bonaparte unter den Buchhändlern«, Johann Friedrich Cotta. Hauff hat seine umweghafte Strategie, dahin zu gelangen, in einem Brief vom 7. September 1826 an den Studienfreund Moritz Pfaff in rückhaltloser Offenheit dargelegt, eine Offenheit, die ihn dann später bei manchen Verfechtern einer besonders strengen Moral dem Vorwurf des schamlosen Karrierismus aussetzen sollte: »Als ich meine ersten Bände in die Welt gab, war es nicht Bescheidenheit sondern Stolz, was mich abhielt, einem Buchhändler, dem ich durch gesellschaftliche Verhältniße nahe stand, und den Du den König seiner Gilde nennst, meine Werke anzubieten. Durch mich selbst wollte ich mir einen Namen machen, nicht durch die berühmte Firma, die Schiller, Göthe und Herder auf ihrem Aushängeschild trägt. Ich wählte mir den unberühmtesten der Kleinhändler, der überdiß seit Phaiton, seeligen Angedenkens, nicht im besten Geruche stand. Wenn ich ihm und den Versicherungen anderer Buchhändler trauen darf, so habe ich ihm einen Namen gemacht. Mit Cotta kam ich übrigens durch diß Verhältniß in manche unangenehme Collißion. Der alte Mann hatte sich durch den hinkenden Löfflund verführen laßen, den jungen, unternehmenden Mann nicht als Buchhändler anerkennen zu wollen. Frankh vergalt ihm diß nach seiner Art, indem er bey jeder Gelegenheit in Caffeeschenken etc. über Cotta loszog. Der leztere äußerte sich mehreremal gegen mich hierüber; ich beugte aus. Er both mir an, an s. Morg.blatt zu arbeiten, ich sagte halb und halb zu, hielt es aber nicht, denn noch war er nicht da, wo ich ihn haben wollte. Cotta muß, wenn man ihn kennt, auf eigene Weise behandelt seyn. Er muß sehen daß man ihn nicht braucht und dann läßt sich vieles Schöne mit seinem Geld und seinem wirklich guten Willen anfangen. Sieht er daß man seiner bedarf so darf man darauf zählen, daß er, wenn er nur erst des Bedürftigen habhaft geworden, ihn auf eine etwas gemeine Weise behandelt. Seine Frau, eine Dame die ich wirklich verehre und die mir wohl will, berührte oft diß Kapitel, aber ich zeigte auf die Fußstapfen hin die in die Höhle des Löwen hinein und nicht wieder heraus führen. Dabey machte es mir großen Spaß, alle Tage um 12 Uhr, wenn er gewiß am Fenster war, mit eben dem Mann an seinem Hause auf und abzugehen, den er nicht anerkennen wollte. So brachte ich ihn zu einer Art von Achtung, die er dem nie versagen kann, der ihm zeigt: ›ich brauche Dich nicht.‹«[2]

Was hier in Rede steht, ist ein Autor-Verleger-Verhältnis, und dazu ist es zwischen Hauff und Cotta nicht mehr gekommen, aber – die rückwärtsgewandte Prophetie sei erlaubt – es hätte sich ergeben, wenn Hauff länger gelebt hätte. Denn in anderer Weise zeitigte die beschriebene Strategie ja durchaus Erfolg, wie man an den hier vorgelegten Briefen ablesen kann: Hauff wurde nicht nur Beiträger des Cotta'schen *Morgenblatts für gebildete Stände*, der damals bedeutendsten Kulturzeitschrift Deutschlands, sondern sogar – als 24-jähriger – ihr Redakteur. Man kann, wie oben ausgeführt, darüber streiten, ob der maßlose Ausruf aus Schillers *Don Carlos* – »Dreiundzwanzig Jahre / Und nichts für die Unsterblichkeit getan!« – auf Hauff zutrifft oder eben gerade nicht (seine Märchen haben ihn nach Meinung der meisten sehr wohl unsterblich gemacht), was aber die damalige Gegenwart betrifft, so hatte er mit der *Morgenblatt*-Redaktion eine literaturpolitische Stellung von kaum zu überschätzender Machtfülle inne. Zumindest nach außen, den Mitarbeitern und Korrespondenten des *Morgenblatts* gegenüber, auch stieg Hauffs ›Marktwert‹ im publizistischen Geschäft durch diese Position um ein Beträchtliches, war er doch in der Lage, Gefälligkeiten zu erweisen und dafür – etwa von anderen Redakteuren – Gegenleistungen zu erwarten. Nach innen sah es jedoch anders aus, denn hier hatte der Redakteur Hauff mit dem »Eigenthümer« Cotta zu rechnen, der das *Morgenblatt* als seine ureigene Gründung eifersüchtig hütete und sich seinem Angestellten gegenüber, von dem ihn zudem ein Altersunterschied von fast vierzig Jahren trennte, in jeder Hinsicht als weisungsbefugt ansah. Diese beinahe schon archetypische Konstellation und Konfrontation stellt einen der interessantesten Aspekte dieses Briefwechsels dar, das Aufeinanderprallen zweier ausgeprägter Individualitäten; hier der aufstrebende, erfolgs-

2 Zit. nach: Friedrich Pfäfflin, *Wilhelm Hauff und der Lichtenstein,* Marbach an. N. 1981, S. 31 f (Marbacher Magazin 18).

3 Vgl. dazu: Bernhard Fischer, *Johann Friedrich Cotta. Verleger – Entrepreneur – Politiker*, Göttingen 2014.

verwöhnte, selbstbewusste Autor – ein Autor, der mehr, als er selbst es vielleicht ahnte, die Verkörperung einer neuen Zeit war –, dort der im Umgang mit den verschiedentlichsten Literaten erfahrene Buchhändler, seit vierzig Jahren im Geschäft und dadurch immens reich geworden, ein Großverleger und Medienmogul, der hinter seiner unpersönlichen Liebenswürdigkeit eine eiserne Hartnäckigkeit verbarg, die er, zumal gegen seine Untergebenen, gelegentlich durchaus hervorzukehren wusste.[3] Auch hier kann man spekulieren, wie lange das Arbeitsverhältnis zwischen dem alten Cotta und dem jungen Hauff gehalten hätte, wäre Letzterem eine längere Lebenszeit beschieden gewesen – immerhin kündigte der Redakteur schon nach zwei Monaten und ließ sich nur mühsam zum Bleiben überreden –; ob also das schnell beleidigte Ehrgefühl der beiden Partner zum baldigen Bruch geführt hätte oder ob daraus nach anfänglichen Irritationen sogar eine gedeihliche und vielleicht sogar langjährige Zusammenarbeit geworden wäre. Bei Hermann Hauff, der nach dem Tod seines Bruders das *Morgenblatt* 35 Jahre lang leitete, war dies jedenfalls eindeutig der Fall. Der vorliegende Briefwechsel erlaubt auch einen Seitenblick auf die Anfänge dieses so bedeutenden wie von der Forschung bislang übersehenen Redakteurs im Cotta'schen Verlagskosmos. Viel präsenter darin ist freilich Wilhelm Hauff, von dem der allergrößte Teil der Briefe stammt – von denen Cottas hat sich leider kaum etwas erhalten – und dessen Profil demgemäß deutliche Kontur erhält. Der Leser erfährt nicht nur einiges über Hauffs literaturpolitisches Agieren beim *Morgenblatt* und im Konflikt mit Cotta, sondern auch Einzelheiten über Entstehung und Publikation etwa der Hauff'schen Novellen *Die Bettlerin vom Pont des Arts*, *Jud Süß* oder *Das Bild des Kaisers*.

Am aufschlussreichsten an dieser Korrespondenz aber ist wohl der von ihr eröffnete tiefe Einblick in den Literaturbetrieb der Zeit, in das während der Restaurationsepoche so sehr florierende Zeitschriftengeschäft mit seinen Tendenzen der Internationalisierung und Professionalisierung, in die Behauptung und Durchsetzung ökonomischer und markt-

strategischer Interessen auf publizistischem Feld, wofür die
hier dokumentierte Affäre Ludwig Robert einstehen kann,
auf das biedermeierliche Almanachwesen, in dem Hauff
sowohl als umworbener Autor wie auch als planender und
organisierender Herausgeber präsent war. Und eben hier, bei
seiner Tätigkeit als Redakteur, ergeben sich für Hauff auch
literaturgeschichtliche Koordinaten, die möglicherweise eine
imaginäre Positionsbestimmung seiner weiteren schriftstel-
lerischen Entwicklung erlauben: »Wird wohl Börne keine
Aufsätze mehr einsenden?« erkundigte er sich bei Cotta. Und
wünschte sich mit Nachdruck, »daß Dr. Heyne Theilnehmer«
am nächsten *Damenalmanach* werde – was im folgenden
Jahrgang dann auch der Fall war. Vielleicht also wäre Hauffs
literarischer Weg, den manche in die Untiefen des publizistischen Tagesgeschäfts sich verlieren sehen, dann doch in
Richtung dieser beiden großen Feuilletonisten gegangen,
deren Namen hier bedeutungsvoll, kurz vor dem Ende seiner
eigenen Laufbahn, erscheinen. Die feiner Gebildeten unter
den Verächtern des Autors wird ein solcher Hinweis freilich
nicht überzeugen, sie werden im Gegenteil Hauffs Redak-
tionstätigkeit, seine in diesen Briefen hervortretende intensive Teilnahme am literarischen Geschäft als Beleg jener
unverschämten Umtriebigkeit verstehen, mit der Hauff
seine schriftstellerische Karriere ins Werk gesetzt hat. Ja,
eine der exotischen Geschichten des so Geringgeschätzten
selbst scheint für eine derartige Wahrnehmung ihres Autors
eine sinnbildliche Vorlage zu bieten, das *Märchen vom falschen Prinzen*, worin der vornehm tuende und nach Höherem
strebende Schneider Labakan sich zunächst betrügerischer-
weise als Prinz ausgibt, zum Schluss aber als Hochstapler
öffentlich entlarvt und wieder auf seinen alten Stand zurück-
geworfen wird. Hat also der simple Handwerker Hauff sich in
der Literaturgeschichte als hochgeborner Prinz ausgegeben
und ist ihm dieser raffiniert eingefädelte Betrug bis zum heutigen Tage gelungen? Besieht man die Szene, in der Labakan
sich selbst verrät, indem er nämlich von zwei Kästchen mit
den Aufschriften »Ehre und Ruhm« und »Glück und Reichtum« das Letztere wählt, so wird man sagen müssen, dass

Hauff zwar durchaus nach Reichtum oder besser: nach bürgerlichem Besitz strebte – wie in den vorliegenden Briefen vor allem beim Aushandeln der Honorare deutlich wird –, dass ihm aber Ruhm und Ehre weitaus höher standen; immerhin kündigte er seine lukrative und einflussreiche Stellung bei Cotta mit Hinweis auf seine verletzte Ehre. Wendet man sich vollends jenem Teil seines Werks zu, dem Hauff seine literarische Geltung hauptsächlich verdankt, den Märchen, so wird man schwerlich umhin können, Hauff das hohe Geburtsrecht im Reich der Literatur zuzusprechen, ihn also als wahren Prinzen der Poesie, dem denn auch Ehre und Ruhm rechtmäßig zuteil geworden sind, anzuerkennen. Freilich war er, wie aus den hier vorgelegten Briefen deutlich hervorgeht, ein Prinz, der sein literarisches Handwerk sehr wohl verstand.

ZUR EDITION

Die vorliegende Edition umfasst alle bekannten Briefe zwischen Wilhelm Hauff und Johann Friedrich Cotta bzw. der J. G. Cotta'schen Buchhandlung zuzüglich einiger flankierender Schreiben. Die Textwiedergabe erfolgt möglichst buchstabengetreu, jedoch werden keine Streichungen nachgewiesen; Verschreibungen und Flüchtigkeitsfehler werden der Lesbarkeit zuliebe korrigiert, ebenso erfolgen Ergänzungen bei Textverlusten (etwa durch Siegelausriss). Herausgeberzusätze stehen in eckigen Klammern. Auf den Abdruck von Orts- und Datums-, Adressen- und Absenderangabe wurde verzichtet. Bis auf die Ausnahme des Briefs Nr. 54, der im Stadtarchiv Stuttgart liegt – hier danke ich für die freundliche Abdruckerlaubnis –, befinden sich sämtliche Handschriften im Deutschen Literaturarchiv Marbach, die Mehrzahl davon im Cotta-Archiv, ein kleinerer Teil in der Handschriftensammlung des Literaturarchivs. Einzelne Briefe aus dieser Korrespondenzfolge wurden schon früher hie und da publiziert, wenn auch häufiger mit Auslassungen; der Nachweis dieser Einzeldrucke erschien entbehrlich.